DANSER SUR LES RUINES

MILANA TERLOEVA

DANSER SUR LES RUINES

Une jeunesse tchétchène

Hachette
Littératures

Ouvrage publié sous la direction de Guillaume Allary.

© Hachette Littératures, 2006.

*À Fanfan et André Glucksmann
À Laïla, Rozik et Roustam.*

Cher lecteur

Un homme errait dans Grozny avec sa balalaïka. La guerre lui avait tout pris et la musique seule le rattachait à la vie. Il venait parfois jouer sous ma fenêtre, racontait qu'autrefois il avait parcouru la Russie, l'Europe, le monde avec son instrument. Ses aventures décousues finissaient toutes de la même manière : « Mais, après, la guerre... »

Un jour, il débarqua dans la cour de mon immeuble, désespéré, les bras ballants, inutiles et vides, sans musique. Des soldats avaient volé son dernier bien. Avec une amie, j'ai collecté de l'argent, puis toutes deux sommes parties au marché racheter une balalaïka. Sur le chemin du retour, nous avons remarqué une dizaine de militaires et un petit attroupement de civils. Le musicien gisait par terre, le corps criblé de balles. Il venait d'être abattu avec huit jeunes du quartier lors d'une « opération de nettoyage ». Le lendemain, la télévision de Moscou annonça fièrement l'élimination de neuf terroristes.

Aujourd'hui, c'est cela Grozny, un chaos de morts et de mensonges dans lequel des ombres humaines luttent pour leur survie. Ce livre n'a pas pour vocation de démonter une propagande ou d'expliquer un conflit vieux de trois siècles. C'est l'histoire simple d'une jeune fille, un miroir promené le long des routes défoncées de ma chère Tchétchénie.

1.

Le bal et la prière

Orekhovo, Tchétchénie, décembre 1994

Pour fêter le Nouvel An, l'école du village d'Orekhovo s'apprête à organiser un bal. Nous sommes en décembre 1994, dans la jeune République de Tchétchénie-Itchkérie. Une fille de quatorze ans admire dans un vieux miroir la robe de princesse que sa mère lui a offerte pour l'occasion. C'est son premier bal et, ça tombe bien, elle ne s'est jamais trouvée aussi belle.

Dans le grenier vide d'une maison encore en construction, elle imagine sa coiffure, la couleur de son rouge à lèvres et la taille de ses bijoux. Rêvant des héroïnes de Tolstoï et Lermontov, elle se voit danser au milieu de ses amis d'Orekhovo comme une princesse dans un salon de Saint-Pétersbourg.

Cette robe, je ne l'ai jamais mise. Il n'y eut pas de bal cette année-là. Il n'y eut, à vrai dire, plus d'école tout simplement. En décembre 1994, l'armée russe a envahi la jeune République de Tchétchénie-Itchkérie. Elle n'a pas seulement détruit nos villes, nos villages, nos tours traditionnelles et nos maisons. Elle a pollué nos âmes. Une verrue monstrueuse poussa sur nos visages, nous distinguant des autres, les gens normaux, les enfants de la paix.

La guerre ? Je n'avais pas la moindre idée de ce que cela pouvait bien être. Un événement lointain dont on parlait parfois à la télévision, des noms étranges qu'on égrenait à la radio : Kaboul, Vukovar, Sarajevo... Ou alors les souvenirs glorieux de la « Grande Guerre patriotique » contre les nazis qu'on nous faisait ânonner jusqu'à la nausée du temps de l'Union soviétique.

Rien n'avait préparé notre génération à la réalité de la guerre. Aussi n'avons-nous pas su vers quoi nous tourner, à qui demander de l'aide. Tout est horrible dans la guerre, mais le pire selon moi, c'est la solitude immense que chacun éprouve au plus profond de son être, même quand il se retrouve coincé dans une cave de dix mètres carrés avec plus de quinze personnes.

Je me souviens précisément d'une nuit, au tout début du conflit, fin décembre 1994. C'était une nuit de pleine lune. Les femmes du village se réunirent pour aller prier près de la rivière qui traverse Orekhovo. Elles voulaient invoquer la « Mère de l'eau », divinité païenne de la tradition tchétchène exhumée d'un passé préislamique que j'avais cru enfoui à jamais.

Nos femmes se sont consultées et ont décidé que des orphelines, ma cousine, qui n'avait plus de parents, et moi, qui n'avais plus de père, auraient plus de chances d'émouvoir cette mystérieuse « Mère de l'eau ». Arrivées sur la berge, nous avons donc guidé la supplique. Les femmes me pressaient de continuer, comme si le sort de la Tchétchénie reposait sur mes frêles épaules.

Je ne savais pas quoi dire et encore moins à qui m'adresser. Je n'arrivais pas à me concentrer. J'avais conscience que cela ne changerait rien au destin de mon peuple. Et je me demandais ce qu'Allah pouvait bien penser de ce spectacle païen. Allait-il se fâcher de tant d'idolâtrie ? Nous n'avions vraiment pas besoin que la colère de Dieu s'ajoute à celle des Russes.

La lune était si ronde, si énorme qu'elle semblait vouloir nous avaler. Elle éclairait la scène d'une lumière surréelle. La neige, qui couvrait les arbres et les maisons, brillait comme une mer de diamants. Tout était majestueux, froid, indifférent. Comme si le temps s'était figé. On n'entendait que le bruissement de la rivière et les murmures des femmes. Avec au loin, comme un écho, le grondement étouffé des explosions, musique d'un monde de souffrance et de mort qui nous parvenait de manière étonnamment douce.

Nos femmes ressemblaient à des statues antiques, dignes et inutiles, plantées là pour l'éternité, les yeux fermés et les mains levées au ciel. On ne voyait bouger que leurs lèvres, implorant la « Mère de l'eau » ou Allah de sauver Orekhovo et notre jeune République. Je ne priais plus. Je regardais, transie, le spectacle blême de notre commune solitude.

Bizarrement, c'est là que j'ai compris, non pas intellectuellement, mais intuitivement, à travers tous les pores de ma peau, que nous, les Tchétchènes, nous étions seuls au monde et que nous le resterions, que personne, vraiment personne, ne viendrait jamais à notre aide. Ce sentiment ne me quitta plus. Malgré mes amis qui promettaient sans cesse que l'Europe, la communauté internationale, les États-Unis, nos « frères musulmans » ou les « démocrates russes » mettraient fin à notre calvaire.

Nous sommes rentrées à l'aube. Comme il y avait beaucoup de monde dans la maison, je dormais dans le même lit que ma cousine. Elle s'est collée contre moi sans un mot. Ses mains et ses pieds étaient gelés. J'essayai de la réchauffer. Elle a rompu le silence de sa voix fluette :

— Milana ?
— Oui.
— Tu crois qu'elle va nous aider, la « Mère de l'eau ? »

Je la sentais ravaler ses pleurs. Elle répondit d'elle-même :

— Je sais que non, j'ai demandé ça comme ça...

Nous avons passé le reste de nuit les yeux grands ouverts, embués de larmes contenues, fixés sur le plafond. Chacune dans son monde.

2.

« Rambo » et la madrasa

Orekhovo, Tchétchénie (URSS), 10 ans plus tôt

— Minana ! Minana ! Minana ! Viens vite, j'ai des choses à te dire !

Tel le chant du coq, les cris de Biki me réveillaient chaque matin. Je m'habillais en quatrième vitesse, me lavais à peine et courais chez lui, entendant au loin maman hurler : « Et ton petit déjeuner ! »

Biki était mon voisin et mon grand copain. Comme tous nos anciens, il avait connu la déportation, l'exil, le retour, l'oppression et la faim. Et comme beaucoup, il passait son temps à rigoler, portait un regard distant sur le monde tout en vouant un amour sans borne à la vie.

J'adorais sa cour. Il s'asseyait sur une chaise longue à l'entrée, près du portail. Je grimpais sur ses genoux, prenant un air très important.

— Mais combien de fois il faut que je le répète, Biki ? Je ne suis pas Minana, je m'appelle Milana ! Mi-la-na !

Il commençait alors son petit spectacle.

— Tu dis ? Tu sais que je suis vieux et sourd, alors il faut que tu parles fort, Minana.

– Mais non, pas nana, la-na, la-na !

C'était notre rituel. La vie au village n'était du reste qu'un ensemble de rituels. Chaque jour ressemblait au précédent et rien ne paraissait pouvoir troubler la quiétude de nos existences.

Bien calé au pied des gigantesques montagnes du Caucase que la Russie, pour notre plus grand malheur, considère comme son inviolable frontière, Orekhovo est un petit bourg comme il en existe tant en Tchétchénie. Dans notre rue, il n'y avait que des parents à nous, ce qui m'a longtemps conduite à penser que le monde entier n'était peuplé que de cousins. Devant chaque maison trônaient de grandes chaises où s'installaient les femmes pour chuchoter leurs secrets. Les ados rigolaient entre eux, les enfants couraient dans tous les sens et nos anciens observaient fièrement le spectacle de la communauté.

À l'époque, l'URSS vieillissante n'avait plus la force d'opprimer les Tchétchènes. Un vent de liberté soufflait sur les marges de l'empire. Le communisme était si malade que Hollywood arriva même jusqu'à Orekhovo. Je me souviens très bien du jour où je vis mon premier film américain. Mon père avait rapporté un magnétoscope. Il nous appela solennellement, mon frère et moi.

– Observez un peu ce que j'ai trouvé pour vous !

Rambo I et *II* ! On les regarda d'une traite. Je ne sais toujours pas où il avait dégotté les cassettes et le magnétoscope car nous n'étions alors qu'aux balbutiements de la perestroïka[1]. Et *Rambo*, c'était quelque chose de vraiment

---

[1]. L'arrivée au pouvoir de Mikhaïl Gorbatchev à Moscou en 1985 marque le début d'une vague de libéralisation qui conduira à la chute de l'URSS. C'est le temps de la « perestroïka » (reconstruction) et de la « glasnost » (transparence). Les nationalités persécutées comme les Tchétchènes recouvrent leurs droits et retrouvent une identité jusqu'alors systématiquement niée par le pouvoir central.

nouveau, de sulfureux, venu d'un autre monde, très éloigné de la Russie.

Mon frère Soultan entreprit alors de me persécuter : il voulait sans cesse jouer à Sylvester Stalone et me forçait à incarner la méchante communiste vietnamienne. J'étais la fille, la plus jeune, j'héritais donc du rôle de la Soviétique fanatique.

J'oubliais mes déboires politiques en retrouvant Zalina, ma meilleure amie, une jolie fille avec des yeux marron-vert immenses et de longues tresses brunes. Incroyablement coquette, elle refusait de sortir sans son maquillage et ses minijupes qui affolaient les vieux du village.

Quand elle apparaissait à travers la porte qui séparait nos deux cours, avec son air cabotin, les yeux brillants comme des étoiles, je savais qu'elle avait appris un nouveau secret en espionnant les bavardages de ses tantes. Elle avait deux ans de plus que moi et adorait jouer aux grandes. Elle me racontait régulièrement et en détail la vie intime des couples mariés. Je refusais chaque fois de la croire.

– Mais, idiote, comment tu crois que tu es née, toi ?

De quel droit osait-elle parler ainsi de mes parents ?

Un jour, elle déboula plus contente que jamais.

– Viens, j'ai quelque chose à te montrer.

Comme j'étais plongée dans mes devoirs, je lui fis signe de patienter. Impossible. Cela devait être très important... ou plutôt complètement interdit. Elle répétait frénétiquement « plus vite ! plus vite ! » en me tirant par le bras. Elle monta l'escalier à toute allure, ferma la porte d'une chambre à clé et sauta sur la télé et le magnétoscope. Un film érotique ! Je courus me réfugier chez moi, priant Allah de ne pas nous en vouloir et d'épargner Zalina.

À la chute de l'URSS[1], une madrasa[2] s'est ouverte dans notre village. Zalina et moi avons choisi de nous y inscrire. Nous étions surexcitées d'être enfin ensemble dans la même classe. En cours, juste devant nous, il y avait une fille qui avait peur de tout. Une fois, nous avons ramassé une limace et nous l'avons glissée dans son Coran. En l'apercevant, elle a hurlé comme une folle. Notre mollah essaya de prendre un air sévère car il s'agissait d'un véritable blasphème. Mais, comprenant vite que les auteurs du sacrilège étaient ses deux « visages d'anges », il sourit.

Pendant la pause, les garçons faisaient leurs prières. Selon la tradition musulmane, si une fille touche un garçon entre ses ablutions et sa prière, celui-ci doit les recommencer. Zalina se précipitait donc sur eux pour les « salir ». Nos copains passaient ainsi leur temps à retourner se laver. Mais jamais ils ne portaient la main sur elle ni ne la punissaient, car Zalina était une fille et, chez nous, il est interdit de bousculer une fille.

J'aimerais tellement que les gens du monde entier puissent voir ce qu'était une madrasa dans un village tchétchène, à quoi ressemblaient nos mollahs, nos rites et nos mosquées...

---

1. Lorsque, le 8 décembre 1991, l'URSS est officiellement démantelée, la Tchétchénie a déjà formellement proclamé son indépendance. La Tchétchénie n'ayant pas été définie du temps de l'URSS comme une République socialiste soviétique mais comme une République autonome de la Fédération de Russie, son indépendance n'est pas reconnue internationalement et elle est jugée illégale par Moscou. *De facto*, la Tchétchénie vivra de manière indépendante jusqu'à l'invasion russe de décembre 1994.
2. École coranique.

3.

La guerre !

Orekhovo, Tchétchénie, décembre 1994

« Qu'est-ce que vous faites là ?! Rentrez chez vous ! La guerre a commencé ! Vous comprenez ce que cela veut dire ? La guerre ! »

Taïsa, la directrice de l'école, hurlait comme une hystérique alors que nous étions tranquillement assises entre copines dans la cour de récréation à discuter des préparatifs du bal.

Il y avait là Zoura, Zaira, Dina et Maryam. Zoura avait de longs cheveux noirs et de beaux yeux marron, des jambes interminables et surtout des mains magnifiques dont elle était très fière. C'était la seule parmi nous à avoir un fiancé, ce qui lui conférait une sorte de supériorité immédiate au sein de notre petite bande. Elle aimait nous parler de lui, mais, là, elle ne pensait qu'à ses problèmes de robe. Elle ne savait pas encore ce qu'elle allait porter à la fête et ce doute reléguait tout au second plan.

Zaira était une grande bringue blonde aux yeux bleus. Elle affirmait se moquer du bal et de nos robes. Elle nous faisait mourir de rire avec ses poses de macho.

Elle s'entendait du reste très bien avec les garçons de l'école. Sauf avec le petit Adam, qui avait la « chance » de partager son pupitre en classe depuis l'enfance. C'était son souffre-douleur favori.

À l'époque, les séries brésiliennes étaient très à la mode. La plus populaire mettait en scène un couple bancal. Une femme, follement amoureuse de son mari, le poursuivait partout pour le maltraiter. Le mari s'appelait Juan Manuel. Et à chaque récréation, Zaira coursait Adam en hurlant « mon Khan Manuel, reviens, mon Khan Manuel ! », en lui jetant des regards langoureux.

Dina était une fille longiligne, pâle, avec d'immenses cheveux châtain clair et de superbes yeux verts. Elle se tenait toujours extrêmement droite. C'était le prototype d'une vraie Tchétchène. Car, même si on nous traite de « culs noirs » à Moscou, la tradition veut que les Tchétchènes « pur sucre » aient la peau très blanche, les cheveux et les yeux clairs.

Maryam était la seule petite de notre groupe. Elle passait son temps à rire. Ce jour-là, elle triomphait car sa sœur aînée avait accepté de lui prêter sa robe. Nous savions toutes combien cette robe était belle et « faisait femme ». Nous en étions là lorsque Taïsa, notre directrice, traversa la cour en hurlant : « La guerre ! La guerre ! » Personne ne comprenait de quoi elle parlait.

— Peut-être qu'on devrait rentrer pour regarder la télé ?

— Mais non, c'est une rumeur de plus ! Et puis, vous connaissez Taïsa, elle dramatise toujours tout.

Taïsa était effectivement d'une nature stressée. En plus, cela faisait pas mal de temps que des rumeurs couraient sur le début d'un conflit majeur avec Moscou sans qu'il éclate jamais. Dina nous a rassurées et nous avons poursuivi notre conversation sur le bal.

Lorsque je suis enfin rentrée à la maison, j'ai vite compris que tout avait basculé. Les deux chambres où nous vivions avec ma mère, mon frère et ma grand-mère paternelle étaient pleines de réfugiés venant de Grozny, des femmes et des enfants de notre famille. Il y avait ma tante Roza avec ses trois fils et sa mère, deux nièces de ma grand-mère et deux cousines. Puis sont arrivés une autre tante et ses deux enfants… C'était une véritable procession. J'avais l'impression que le flot ne s'arrêterait jamais, que la maison s'engorgerait jusqu'à l'implosion.

Tout le monde racontait ses mésaventures dans un brouhaha général. Les gens de Grozny ne comprenaient pas ce qui leur arrivait. D'ordinaire si fiers de leur capitale, de leur modernisme, de leur chic et de leur prestance, ils se retrouvaient obligés de fuir dans des villages reculés, de frapper à la porte des cousins des champs ! C'était le monde à l'envers.

En une semaine, Orekhovo fut submergé. Il y avait des réfugiés partout, dans l'école, dans la madrasa, dans les maisons. Les villageois les abreuvaient de questions tout en restant sceptiques, persuadés que les citadins exagèrent toujours et que tout cela serait bientôt fini. Si bien que les réfugiés eux-mêmes finissaient par croire qu'ils rentreraient vite chez eux.

Pourtant ça a duré. L'électricité et l'eau furent coupées. Nous étions renvoyés au Moyen Âge. Les bougies firent leur retour et on s'habitua à chercher du bois dans la forêt pour se chauffer. Puis, quand cela devint dangereux, on se mit à abattre les arbres du village et de l'école. On puisait l'eau à la rivière. Personne n'aurait cru pouvoir boire ce liquide noirâtre au goût immonde, mais on n'avait plus le choix.

Comme ma maison était loin de la rivière, ce n'était pas facile. Qu'il pleuve ou qu'il vente, la corvée était immuable. Je me souviens d'une journée glaciale où j'ai porté des seaux d'eau pendant des heures et des heures, en compagnie de ma cousine. Le soir, mon frère m'a demandé quel jour nous étions. On était le 30 décembre, le jour de mon anniversaire ! Tout le monde avait oublié. Cela faisait moins d'un mois que la guerre avait commencé et déjà nous n'étions plus dans une temporalité normale. J'avais quinze ans. Tous mes vœux de bonheur, Milana !

Pour regarder la télévision, on utilisait les batteries des voitures. Même si on savait que la plupart des informations sur les chaînes russes étaient mensongères (beaucoup moins à l'époque qu'aujourd'hui cependant), c'était un semblant de lien avec le monde civilisé. En plus, les chefs des *boeviki*[1] pirataient les canaux de diffusion et apparaissaient sur l'écran pour communiquer avec la population. Ils promettaient que nous allions gagner et que nous serions bientôt les citoyens libres d'un pays libre. On avait besoin de les croire.

Les problèmes « techniques » comme l'eau, le chauffage ou l'électricité ont très vite perdu toute importance à nos yeux. Nos premières frustrations semblaient dérisoires. Si une journée s'écoulait sans qu'on apprenne la disparition d'un proche dans un camp de filtration[2], ou

---

1. *Boevik*, « combattant » en russe. Les membres de la guérilla indépendantiste tchétchène sont souvent désignés par ce terme : *boeviki*.

2. Lieux de rétention officieux de l'armée russe où la torture est systématique et où s'organise un trafic de personnes.

une mort dans l'enfer de Grozny, on la marquait d'une pierre blanche.

Début janvier, alors que je récupérais dans la cour la neige qui devait servir aux travaux ménagers, deux avions surgirent dans le ciel. J'observai leur manège attentivement. À cette époque, on ne voyait pas encore d'avions voler si bas à Orekhovo. Soudain ils piquèrent vers moi, larguant deux roquettes. Quelqu'un m'a saisie brusquement par la manche et projetée plus loin. C'était ma cousine Mareta. Quelques secondes plus tard, j'étais dans la cave.

La guerre avait touché notre district pour la première fois. Deux jeunes couples périrent ce jour-là, dont une de nos tantes et son mari. Ils laissaient cinq enfants. Le plus petit avait deux ans. Il fut impossible de lui faire admettre que ses parents ne reviendraient pas. Il ne quittait plus la fenêtre. Pour ne pas rater leur retour.

4.

Bonne année, Grozny !

Grozny, Tchétchénie, 31 décembre 1994

Mon cousin Anzor et ses amis Alvi, Guelani, Vakha, Naïp, Beslan er Akhyad avaient autour de vingt ans. Ils venaient du même quartier de Grozny, Katayama, réputé pour ses bandes de jeunes fêtards et rebelles. Tous avaient rejoint le bataillon de Rouslan Guelaev[1] dès les premières heures de la résistance. Le 31 décembre 1994, alors que le monde s'apprêtait à fêter la nouvelle année, le groupe de copains montait la garde à la sortie de Grozny avec d'autres boeviki.

Du haut de ses vingt-quatre ans, Alvi était le chef de la petite bande. C'est lui qui m'a raconté dans le détail les heures tragiques de l'assaut des troupes russes sur notre capitale.

---

1. Rouslan Guelaev fut l'un des principaux chefs des combattants indépendantistes pendant les deux guerres de Tchétchénie. Résolument hostile aux fanatiques islamistes, son prestige ne fut aucunement écorné par les troubles qui agitèrent le pays entre les deux guerres. Il fut abattu par les soldats russes le 29 février 2004.

« J'étais le plus vieux. Tout le monde m'écoutait, sauf le jeune cousin d'Anzor, Muslim. Lui, il voulait toujours être avec nous. Ce matin-là comme tous les jours, nous lui avons ordonné de rentrer chez sa mère. En vain, comme d'habitude.

Vers midi, les Russes ont attaqué. Nous les avons repoussés. Leurs pertes furent immenses et ils se replièrent en laissant leur matériel sur place, y compris leurs chars, en plein milieu des champs.

Quelques heures plus tard, ils sont revenus chercher leurs armes. Nous avons tenté de les en empêcher. Pour cela, un jeune et moi étions chargés d'aller détruire les tanks. Anzor et Guelani, accompagnés de Rouslan et Timour, deux autres combattants, devaient faire diversion pour nous laisser approcher les chars car nous allions évoluer à découvert. Ils se mirent à canarder les Russes par les fenêtres du garage où ils s'étaient planqués.

Mais ça n'a pas marché. J'ai compris qu'il serait impossible de parvenir à ces tanks. Ils étaient trop loin. Je fis signe à Anzor de se replier. Les Russes ont alors tiré un obus sur eux. Rouslan et Guelani furent blessés. Guelani perdit sa jambe dans l'explosion. Anzor et Timour réussirent à les transporter jusqu'à notre position. Les Russes, eux, se retirèrent avec leurs blindés.

Il fallait envoyer d'urgence Rouslan et Guelani à l'hôpital. C'était l'occasion ou jamais de se débarrasser du petit Muslim. On lui confia donc sa première mission : escorter les blessés à l'hôpital numéro 1 et surveiller les soins sur place. Il arrêta une voiture et le chauffeur les conduisit au centre-ville. Les ennemis étaient repoussés, nos amis allaient être soignés et nous avions enfin éloigné le petit Muslim du front. À cet instant, on se disait que, en partie grâce à nous, les fédéraux ne passeraient pas le Nouvel An à Grozny.

Ce n'est qu'à la tombée de la nuit que nous avons compris notre erreur. Un messager nous annonça que les Russes avaient progressé dans la capitale sur trois axes. Nous n'avions bloqué qu'une infime partie des troupes. La grande bataille de Grozny ne faisait que commencer et les fédéraux prenaient position partout dans la ville. Tu te rends compte ? Nous n'étions pas au courant, nous n'avions ni radio ni talkie-walkie !

Sans le savoir, nous avions expédié Guelani, Rouslan et le petit Muslim à la mort... Rue Pervomaïskaïa, ils sont tombés sur une colonne de chars. Guelani et Muslim furent tués. Rouslan et le chauffeur s'en sortirent de justesse.

L'attaque du 31 décembre fut cependant un échec magistral. Les généraux russes voulurent frapper trop vite et trop fort. Ils envoyèrent leurs troupes au désastre. Des dizaines de milliers de soldats et des centaines de chars, en fonçant vers le cœur de la ville, se retrouvèrent coincés dans des rues trop étroites, sous le feu des combattants postés sur les toits. Au matin, des cadavres de soldats gisaient partout. Nous les avons enterrés nous-mêmes.

Il fallut concentrer nos forces sur le centre-ville. Le 7 janvier 1995, nous y avons rejoint le gros des troupes. Nous avons pris position dans un immeuble cossu de la rue des Francs-Tireurs-Rouges.

Une deuxième vague d'attaques eut lieu, mieux planifiée, plus lente. Les colonnes de chars avançaient implacablement depuis la place Lénine. Le bâtiment des Archives nationales, près du palais présidentiel, finit par tomber. Nous commencions à sérieusement manquer de munitions. Les choses devenaient de plus en plus problématiques. La communication entre les différents groupes de la résistance était coupée. Nous ne savions rien des combats qui se déroulaient à quelques centaines de mètres de nous.

La situation se figea. La tactique des Russes était de plus en plus intelligente. Ils avançaient extrêmement lentement, détruisant la ville immeuble par immeuble.

Juste en face de nous, l'Institut de l'Islam et la poste principale furent occupés par les fédéraux. La nuit, nous ne dormions plus. Ils pouvaient attaquer n'importe quand. Nous passions de longues heures à parler de tout et de rien. Comme j'étais plus âgé que lui, Anzor me considérait comme son grand frère et m'interrogeait :

– Qu'est-ce qu'on va devenir, Alvi ? Tu crois qu'on va s'en sortir ?

– Bien sûr qu'on va s'en sortir. On racontera tout ça à nos enfants, tu verras.

Je sentais que mes paroles le rassuraient, alors cela me calmait aussi et je finissais par y croire.

Akhyad jouait de la guitare et chantait. Nous étions si proches des militaires que parfois, quand il s'arrêtait, nous entendions un soldat russe hurler :

– Continue, connard ! Tu chantes bien pour un sauvage !

Dans les moments de tristesse, Doku, le seul de notre bande qui ne venait pas de Katayama, nous racontait de belles histoires commençant souvent par "Mon grand-père disait…". On adorait surtout écouter ses histoires d'amour. On aimait parler des filles. Doku le savait bien et il nous comblait :

– Mon grand-père m'avait bien dit que cette guerre éclaterait et qu'après viendrait le temps où les filles refuseraient d'adresser ne fût-ce qu'une parole à ceux qui n'auraient pas résisté, un temps où les filles les plus belles épouseraient toutes des combattants.

Ça nous plaisait d'entendre ces balivernes, ça entretenait nos rêves d'après-guerre.

Dans l'immeuble de la rue des Francs-Tireurs-Rouges que les habitants avaient quitté en toute hâte, laissant leurs biens derrière eux, nous reçûmes la visite d'un jeune mec. Il voulait entrer dans notre groupe. Il avait une tête de petit voyou, nous avons refusé. Mais il a insisté, jurant qu'il était un cuisinier hors pair et qu'il nous préparerait des festins. Nous l'avons intégré par stricte gourmandise. Ce garçon était effectivement un très bon cuisinier. Et un voleur sans scrupules.

Cinq jours après son arrivée, des combattants déboulèrent dans ma planque. Ils poussaient devant eux notre petit marlou qui portait sur les épaules un splendide manteau en cuir. Sur le coup je n'ai rien compris. Il était devenu très gros.

— Mais qu'est-ce qui se passe ? Arrêtez de le frapper !

— Tu veux savoir ce qui se passe ? Regarde !

Ils ont arraché son manteau. Dessous, il y en avait un autre, puis un autre, puis une veste, puis deux pulls... C'était un strip-tease surréaliste.

— Alors que nous, nous sommes en train de crever, il vole les vêtements des gens. Qu'est-ce qu'ils vont penser de nous à leur retour ? Il faut le rosser une bonne fois pour qu'il comprenne !

Les maraudeurs étaient systématiquement punis par les boeviki. Notre petit cuisinier le savait bien et il flippait sérieusement. Il n'essayait même pas de se défendre. Mes amis étaient sérieusement énervés ; moi, il me faisait rire avec, à ses pieds, son tas de fripes volées et son air penaud de filou pris au piège. J'ai dû me concentrer pour reprendre un air sérieux.

– Il ne faut pas le tabasser, ça ne sert à rien et on a d'autres choses à faire. Remettez les vêtements en place et laissez-le partir.

À peine eurent-ils le dos tourné qu'il est revenu timidement vers moi.

– Alvi, les Russes vont bientôt débarquer et piller tout ce qu'il y a dans ces appartements. Laisse-moi prendre ce manteau en cuir, je n'ai rien à me mettre et, regarde, il est trop classe. Il me va trop bien.

– Prends-le et dégage !

"Les Russes vont bientôt débarquer..." Il avait énoncé si simplement une vérité que nous ne voulions pas admettre ! Nous ne pourrions pas tenir longtemps. Les forces en présence étaient inégales. Que faire contre leurs avions, leurs lance-flammes et leurs roquettes ? Et puis ils étaient trop nombreux. Plus on en tuait, plus il y en avait qui remontaient à la charge.

On craignait par-dessus tout les snipers. Ils nous empêchaient de mettre le nez dehors. Le 15 janvier pourtant, je dus sortir. J'avançais en rasant les murs quand soudain je sentis une douleur fulgurante au cou. J'ai perdu conscience et je me suis affalé dans la neige. J'ignore combien de temps je suis resté là, inconscient. Le froid a fini par me réveiller. La balle était entrée dans ma nuque et ressortie par la gorge. J'ai voulu courir me mettre à l'abri, mais je ne pouvais pas tenir sur mes jambes. J'ai rampé jusqu'à l'entrée d'un immeuble. J'avais une seule envie : dormir. Un combattant m'a trouvé par miracle en revenant du palais présidentiel.

Je ne me souviens pas personnellement de cette scène. Ibraguim m'a raconté plus tard que je lui ai juste

fait promettre de m'enterrer avec l'uniforme de combattant que m'avait offert Guelaev. Il m'a porté au poste d'Anzor puis est parti chercher un médecin. En arrivant, celui-ci déclara ne plus pouvoir rien faire pour moi. J'avais les yeux fermés, mais je reprenais progressivement conscience. En revenant à moi, j'entendis mes compagnons lire la prière des morts au-dessus de ma tête. Au bout d'une minute, un combattant déboula et leur ordonna d'arrêter.
– Vous êtes fous ? Il n'est pas mort !
J'ai réussi à articuler quelques mots, priant Anzor de rester près de moi. Nous étions sous le feu nourri de l'ennemi et il fallait me transférer ailleurs. Anzor me transporta jusqu'au palais présidentiel.
À l'intérieur du bâtiment, il se sentit aussitôt coupable de rester là, planqué, alors que notre position était attaquée. Il dégotta des garçons de mon village pour me veiller. Ainsi je ne serais plus seul et il pourrait repartir. Mais j'avais trop peur de ne pas le revoir s'il quittait le palais. Je le suppliais de rester avec moi. Il s'éloignait puis revenait toutes les cinq minutes pour me demander de le laisser partir.
– S'il te plaît, Alvi, je ne peux pas traîner ici quand les autres se battent...
J'ai fini par céder.
– D'accord, mais fais gaffe.
Il sourit. Son visage s'était subitement illuminé. J'ai pensé en le regardant qu'il était trop parfait pour ce monde. Je sentais qu'il ne reviendrait pas. Dehors, c'était l'enfer.
Il retira sa montre et me la tendit.
– Tiens, un petit souvenir. À la prochaine !
C'était le 15 janvier. Il réussit à rejoindre la posi-

tion. Ils ont tenu à dix contre des centaines d'assaillants. Le 17, la résistance donna l'ordre de repli général. Saïd-Khuseyn et Adam furent envoyés rue des Francs-Tireurs-Rouges pour avertir le groupe d'Anzor.
Quand ils arrivèrent sur place, les Russes avaient déjà investi les lieux. Des dizaines et des dizaines d'hommes surarmés se tenaient en rangs d'oignons dans la cour. Nos deux messagers ont arrosé par surprise le bataillon puis ont pris la fuite.
Naïp et Vakha étaient déjà au palais quand ils sont revenus. Anzor fut tué le premier. Puis ce fut le tour de Doku, de Beslan et d'Akhyad. Vahid réussit à sortir du piège, mais fut abattu par un sniper à moins de cent mètres du palais présidentiel. »

Alvi a stoppé net un récit qu'il avait débité d'une voix monocorde, immobile, les mains sur le volant et le regard fixé sur le pare-brise. Cela faisait déjà quelques heures qu'on était dans cette voiture. Assise sur le siège arrière, je ne voyais pas son visage, juste une nuque douloureuse, raidie, tétanisée par les souvenirs.
Il pleuvait à torrents. C'était le 23 février 2006. Nous étions à Paris, à quelques centaines de mètres de la tour Eiffel. J'avais demandé à rencontrer Alvi après avoir appris qu'il avait combattu avec mon cousin Anzor.
– On sort, dit-il brusquement, c'est étouffant ici…
Il s'est retourné vers moi. Son visage était la tristesse même. J'eus honte de l'avoir forcé à revivre tout ça.
– Oui, sortons.
Dehors, son expression a changé. On lisait sur son visage un étonnement, une incompréhension.
– Qu'est-ce qu'il y a, Alvi ?
Il me regarda, l'air perdu.

— Je ne sais pas. Ça me fait bizarre de me retrouver soudain à Paris. J'avais oublié… Si quelqu'un m'avait dit que douze ans après je me retrouverais au centre de Paris, avec la cousine d'Anzor, que je lui raconterais sa mort et celle des autres, que je serais l'un des deux survivants de la bande… Qu'est-ce que je fous ici ?

Il a des enfants, une femme, tout pour être heureux. Personne pourtant ne peut soulager sa douleur : ce qui a eu lieu ne peut être défait. Alvi ne sortira jamais de l'hiver 1994-1995.

Anzor, Muslim, Beslan, Naïp, Akhyad… des dizaines et des dizaines de jeunes de mon entourage sont figés dans leurs vingt ans pour l'éternité. Quand leurs prénoms résonnent dans mon esprit, j'ai besoin de croire à un autre monde. Et, quand il m'arrive d'espérer que la guerre et l'occupation finiront un jour, que nous retrouverons le monde « normal », que nous fonderons tous un foyer, je me jure de transmettre leur mémoire de génération en génération.

5.

Notre tour

Orekhovo, Tchétchénie, avril 1995

Les troupes fédérales finirent par prendre Grozny. Les réfugiés quittèrent Orekhovo pour rentrer dans ce qui restait de leur ville et de leurs maisons, croisant en chemin les colonnes de blindés qui faisaient mouvement vers les villages rebelles du district d'Atchkoy-Martan. C'était notre tour.

À la fin du mois d'avril, les chars sont apparus à l'entrée d'Orekhovo, puis les hélicoptères sont entrés dans la danse. Le village fut pris entre deux feux. Les nôtres, cachés dans la forêt, répliquaient aux tirs de missiles sol-sol des Russes qui parfois s'écrasaient sur nos têtes. Les gens ont commencé à fuir. Des cousins sont partis vers Naltchik, capitale de la République de Kabardino-Balkarie. Comme ils n'avaient pas assez de place pour nous emmener tous, ma mère et ma grand-mère ont décidé de leur confier mon frère Soultan.

Il avait dix-sept ans et tous les garçons de plus de douze ans étaient alors considérés comme des ennemis potentiels de l'empire, des terroristes en devenir. Lorsque les troupes fédérales investissaient un village ou un quartier, les garçons étaient triés, mis à part et souvent disparaissaient. De dix à soixante ans, tout homme était traité en « bandit ».

Il était évident que Soultan devait fuir. Mais il refusait de nous quitter. Il répétait maladivement : « Je ne partirai pas sans vous, je ne partirai pas sans vous… » Ma mère l'a pris par la main et lui a ordonné calmement : « Tu dois t'en aller. Maintenant. On quittera Orekhovo après toi. Ce sera plus facile pour nous si tu n'es pas là. Fais-le pour nous. »

Je n'ai toujours pas compris où ma mère puisait tant de force. Elle savait qu'il risquait de mourir en chemin, elle savait que nous n'allions pas quitter Orekhovo tout de suite, elle savait que nous pouvions à tout moment être massacrées, comme les femmes et les enfants de Samachki, à une heure de chez nous. Elle savait tout cela, mais elle dégageait une telle assurance qu'elle a convaincu mon frère et nous a tous rassurés.

Soultan parti, nous avons retrouvé notre cave, remplie à craquer par les voisins restés dans le village. Nous y passions la plupart de nos journées et de nos nuits depuis l'attaque fédérale sur Orekhovo.

Les Russes procédaient de manière étrange, par bombardements massifs et irréguliers, très destructeurs, mais peu efficaces pour lutter contre une guérilla. Pendant ces raids, les animaux devenaient littéralement fous. Leurs hurlements se mêlaient aux explosions dans un vacarme infernal. Ils semblaient plus effrayés que nous. On racontait que les volailles d'une amie étaient mortes de peur, au sens propre. Elle les avait enfermées dans le poulailler et, quand elle est revenue après un déluge d'obus particulièrement long, pas une poule n'avait survécu alors que l'enclos n'avait pas été touché. Et cette fois-ci, les soldats russes n'avaient pas utilisé les gaz.

De plus en plus de combattants tchétchènes s'infiltraient dans le village pour organiser sa défense. Ma grand-mère les embrassait en pleurant. Souvent très jeunes, ils auraient pu fuir comme tant d'autres, faire leur vie ailleurs, reprendre leurs études, trouver un travail et fonder une famille. Personne ne le leur aurait reproché. Mais ils choisirent de se battre. Pour nous, pour nos maisons, pour notre liberté. Alors, quand des gens bien au chaud les qualifient, aujourd'hui, de terroristes ou les mettent dans le même sac que les soldats russes, renvoyant tout le monde dos à dos, cela me met hors de moi.

Moi, je les ai vus marcher vers la mort, l'air grave ou en souriant. Certains ont dévié vers le fanatisme le plus abject, mais l'écrasante majorité de ceux qui se sont battus et se battent encore aujourd'hui le font pour notre survie. Je n'oublierai jamais leurs visages croisés à Orekhovo ou à Grozny. Pour eux, il n'y eut ni tombe, ni requiem, ni hommage, ni indignation. Rien, strictement rien. Alors, au moins, ne les insultons pas.

Ma mère et ma grand-mère refusèrent d'obéir aux boeviki qui nous pressaient de quitter les lieux. Elles m'ont envoyée dans le village voisin, à Shalagie, avec d'autres habitants du village. Nous avons marché jusqu'à la forêt. À l'abri des arbres, nous sommes montés dans un camion. La nuit était tombée mais le chauffeur refusait d'allumer les phares, pour ne pas attirer l'attention des Migs et des tireurs embusqués. Tout était noir et silencieux comme dans une tombe.

À Shalagie, je fus accueillie par des parents éloignés que je n'avais jamais vus. Il y avait dans la maison trois jeunes filles et leurs grands-parents. La grand-mère était grande et maigre. Elle avait l'air sévère et n'aimait pas qu'on écoute de la musique pop ou qu'on rie trop fort. Son mari, au contraire, petit et rond, s'esclaffait sans cesse et adorait le rock anglais. Il venait nous voir en cachette dans la cuisine pour nous demander : « Allumez-moi ce magnéto, vite. » Le spectacle de ce couple dissonant et comique me faisait, parfois, oublier la guerre.

Je n'avais pas de nouvelles de ma mère et de ma grand-mère depuis plus d'une semaine. Je les imaginais mortes ou blessées, appelant au secours. Dans mon inquiétude, j'étais soutenue par Malika qui ignorait ce qu'il en était de son mari parti au front. On s'encourageait mutuellement. Elle avait un fils de six mois et, quand il pleurait la nuit, elle lui chantait invariablement la même berceuse. Je m'endormais toujours plus vite que lui, soulagée, anesthésiée par la mélodie et sa voix.

Bien des jours plus tard, ma grand-mère et ma mère sont arrivées. Les combattants les avaient aidées à quitter Orekhovo. Nous avons pleuré de longs moments, jurant de ne plus jamais nous séparer. « Si seulement ton père était là pour nous guider... »

6.

Mon père

Orekhovo, Tchétchénie (URSS), été 1984

— Hééé *chebourashka*[1] ! Tu es où ?
Je m'endormais près de ma mère quand mon père m'a réveillée en m'embrassant sur le nez. Il me prit dans ses bras et se mit à faire des tours et des tours dans la chambre en me couvrant de baisers. Il me regardait avec une tendresse infinie, comme s'il me voyait pour la première fois. Nos traditions déconseillent ce genre d'épanchements, mais ce soir-là, mon père s'en moquait éperdument. Je le trouvais bizarre. En plus, une odeur étrange émanait de sa bouche.
— Tu as bu ! Ça se voit ! Tu as été boire ! fit ma mère en riant.
Pour la première fois en dix ans, il avait bu. Quelque temps avant ma naissance, il avait promis à sa mère qu'il ne toucherait pas à un verre d'alcool pendant dix longues années. Il avait tenu et, à l'heure exacte de sa « libération », il était parti faire la fête avec ses amis. Une vraie horloge.
Je me souviens du désespoir de ma grand-mère. Elle

---
1. Personnage d'un célèbre dessin animé soviétique.

voulait en faire un musulman exemplaire et passait son temps à le gronder parce qu'il ne faisait pas sa prière ou parce qu'il « oubliait » de jeûner pendant le Ramadan. Ce à quoi mon père répondait en souriant :

— Tu sais, la prière, ceux qui l'ont faite jusqu'à devenir chauves seront derrière moi sur le chemin du paradis. Quant au Ramadan, le problème n'est pas de se priver de nourriture, mais de savoir comment faire pour ne pas fumer. C'est surhumain, ça.

Je me souviens du jour où mon frère pria pour la première fois. Ma grand-mère était ravie. Quand papa est rentré, elle l'a traîné tout de suite dans la chambre où priait Soultan.

— Tu n'as pas honte ? Ton fils fait ses prières et toi non. Tu n'es plus un enfant quand même !

Mon père regarda attentivement mon frère, puis il se tourna vers ma grand-mère, l'air sérieux.

— Écoute, si on devient très tôt mollah, on finit par détester la religion sur le tard. C'est pour ça que j'attends mes cent ans pour devenir un dévot. Comme cela je mourrai en sage et non pas en vieux dévergondé sans foi ni loi.

Et il éclata de rire. Quand il commençait son show de libre-penseur, ma mère l'observait avec un sourire en coin.

Mon père travaillait au Kazakhstan où il passait la moitié de l'année. Il était ingénieur ou contremaître, je n'ai jamais su. Chaque fois qu'il rentrait, je sortais dans la rue pour hurler à tous nos voisins : « Ami est rentré ! Ami est rentré ! »

Je l'appelais Ami quand j'étais heureuse et Zelim (c'était son vrai nom) quand je voulais exprimer mon mécontentement.

Il avait tellement de copains... Des Tchétchènes, des Kazakhs, des Russes qui squattaient tout le temps notre maison. Mon préféré, c'était Igor, un Russe immense qui nous faisait mourir de rire avec ses souvenirs d'enfance et jouait toujours aux cartes avec moi. Je l'aimais tout particulièrement quand il me laissait gagner.

Mon père rentrait toujours avec des vêtements super chic, et repartait dépouillé de tout. Cela donnait lieu à des scènes cocasses avec ma grand-mère qui ne supportait pas sa magnanime insouciance.

Une fois, lorsqu'il voulut offrir son plus beau costume à un ami russe, ma grand-mère le supplia en tchétchène :

– Mais non, tu es fou ! Il te va tellement bien que c'est un crime de l'offrir. Donne-lui quelque chose d'autre, n'importe quoi… Tu vas encore te retrouver habillé comme un paysan alors qu'il va se pavaner dans les rues de Grozny avec ton costume…

L'invité russe ne comprenait rien au tchétchène. Voyant que ma grand-mère n'était pas contente, il demanda, gêné :

– Qu'est-ce qu'elle dit ?

– Elle a honte que je donne un costume si moche à quelqu'un d'aussi bien. Elle me dit que tu mérites vraiment mieux. Mais j'essaie de lui expliquer que je n'ai rien d'autre à t'offrir.

Le Russe s'est tourné vers ma grand-mère.

– Oh, c'est très gentil, mais il me plaît vraiment, ce costume, il est magnifique.

Ma grand-mère était piégée, comme d'habitude.

Les longues séparations devenaient de plus en plus dures à vivre, surtout pour ma mère. Elle restait seule avec les enfants pendant cinq à six mois. À l'automne 1992, mon père décida de partir pour la dernière fois. Il voulait boucler toutes ses affaires au Kazakhstan et revenir définitivement en Tchétchénie, trouver un travail à Grozny. Avec la fin de l'Union soviétique, c'était plus simple pour un Tchétchène de trouver un poste à Grozny. Nous pourrions enfin être une vraie famille et, en plus, nous allions habiter la capitale !

Mais, une nuit de janvier 1993, les portes de notre cour se sont ouvertes. Un camion est entré. Des gens ont déposé une grande boîte en fer sur le sol gelé. Dans cette boîte, il y avait mon père.

On n'a jamais su ce qui s'était vraiment passé. On sait juste que le 28 décembre 1992, un Kazakh prénommé Yura le poignarda. Mon père passa plusieurs jours à l'hôpital. Au début, son ami Mourad ne quittait pas son chevet. Un soir, comme il semblait se rétablir, Mourad est sorti. C'était le 3 janvier 1993.

Quand Mourad est revenu, le docteur hurlait aux infirmières :

– Je vous avais dit de ne pas le laisser seul avec ce visiteur ! Je vous l'avais bien dit !

Le visiteur, c'était le cousin de Yura le Kazakh. Ami était mort.

Nous n'avons jamais dit à ma grand-mère qu'il avait été tué. Pour elle, il fut emporté par une crise cardiaque.

J'observais par la fenêtre. Je n'arrivais pas à croire qu'on ramenait mon père dans cette boîte grise. Le lendemain, le frère de ma grand-mère nous a conduits, Soultan et moi, devant la dépouille pour lui présenter nos hommages. Je ne l'ai pas reconnu. Il avait tellement maigri. J'ai murmuré : « Ce n'est pas lui ! » La statue au visage sévère et douloureuse que j'avais devant les yeux ne pouvait être Ami !

Je regrette d'y être allée. Quand je pense à mon père, à nos rires, à nos secrets, tout se finit toujours par cette image. Toute ma vie, j'essaierai vainement d'oublier cette momie.

7.

« Bienvenue en enfer ! »

Grozny, Tchétchénie, mai 1995

Nous avons quitté Shalagie pour Grozny. À l'entrée de la capitale, un grand tag avertissait l'imprudent voyageur : BIENVENUE EN ENFER ! Grozny n'avait plus rien à voir avec la ville qu'on appelait le Paris du Caucase pour ses théâtres, ses musées, ses cinémas et l'esprit frondeur de ses habitants. Grozny n'était plus qu'un tas de ruines quadrillé par les checkpoints d'envahisseurs aux regards pleins de haine. Grozny était morte. Des cinémas, des musées, des bibliothèques ou des théâtres, il ne restait plus que d'immenses squelettes noirs. Des chiens errants hurlaient à la mort, ivres de chair humaine.

Dans la voiture qui nous conduisait vers le quartier de Boutenko, personne n'a ouvert la bouche. Chacun essayait de retrouver les traces de sa ville dans ce paysage lunaire, de déchirer le voile immonde qui recouvrait désormais notre capitale et notre existence. Mon rêve de toujours, quitter notre village pour la capitale, se transformait en cauchemar.

Avant la guerre, j'adorais passer mes vacances chez ma tante. Elle habitait au centre-ville. Je me souviens des rues éclairées la nuit, des parcs, des manèges, des cinémas surtout. J'allais régulièrement voir des films interdits aux enfants, en cachette avec mon cousin Aslan. Dès que ma tante s'absentait, on laissait un mot : « Nous sommes au cinéma », et on filait en douce se mêler à la foule pour entrer dans la salle sans être remarqués par l'énorme femme qui contrôlait les tickets.

Quel que soit le film projeté, j'étais en apesanteur, hypnotisée par l'écran. Je n'avais ni genre, ni acteur, ni réalisateur préféré. Seule comptait l'ambiance des salles. Souvent, je suivais à peine l'histoire, immergée dans les sensations brutes que me procuraient la puissance du son et la taille des images.

En sortant du cinéma, on prenait un bus au hasard pour faire le tour de Grozny. Maintenant que je connais Moscou, Paris ou New York, je sais que ce n'est pas une si grande ville. Mais nos errances nous semblaient infinies. On descendait du bus à n'importe quel arrêt pour se promener. Les rues étaient pleines de gens pressés. Des jeunes filles élégantes croisaient des jeunes hommes chic qui essayaient de les accoster. Je regardais ce manège avec admiration. Si on m'avait demandé à cette époque ce que je voulais faire dans la vie, j'aurais répondu, enthousiaste : « Me balader dans Grozny avec une jupe italienne, un chemisier anglais, des chaussures italiennes, parfumée à la française et fière comme une Tchétchène. »

Mon autre tante, Lara, venait souvent nous voir avec des petits cadeaux. Une fois, elle m'offrit un jogging avec des motifs de Walt Disney. C'était vraiment le top de la mode. À sept heures du matin le lendemain, j'étais prête à sortir pour étaler ma classe dans toute la ville.

Nous sommes allés au parc Kirovo manger des glaces sous de grands parasols au bord d'un lac peuplé de cygnes très beaux mais pas très sympathiques.

J'ignore pourquoi cette journée en particulier me revint à l'esprit alors que nous roulions au milieu des ruines. J'ai aussi songé à mes amies russes de Grozny, en me demandant ce qu'elles pouvaient bien penser de leurs soldats désormais. La *babouchka*[1] Tanya, qui nous gavait sans cesse de gâteaux, ou la petite Lena étaient-elles parties ? Avaient-elles partagé notre calvaire dans les caves comme tant d'autres civils russes ?

À Boutenko, on s'est installées chez la sœur de ma grand-mère. À Grozny non plus, il n'y avait ni eau ni électricité. Nous étions habituées. Au bout d'une semaine, mon frère est arrivé de Naltchik. Nous avons fait un dîner pour fêter nos retrouvailles. C'était comme si plus rien ne pouvait nous arriver. La guerre, cependant, était loin d'être finie.

---

1. Femme âgée, grand-mère.

8.

Le soleil noyé de Ceda

Grozny, Tchétchénie, été-automne 1995

Retourner à Orekhovo était hors de question. Aussi ai-je repris ma scolarité dans une école de Boutenko à moitié détruite. J'avais deux grandes amies : Asya qui était dans la même classe que moi, et Zarema, ma cousine.

Zarema m'apprenait à jouer du piano dans son garage. Dans cette pièce sombre et humide, on parlait de tout et de rien pendant des heures, jusqu'à ce que son grand-père nous chasse gentiment : « Vous tenez vraiment à passer votre adolescence ici ? Cela ne vous a pas suffi de vivre pendant des mois dans une cave ? »

Ma bande de Grozny comprenait une autre fille : Ceda. Elle était dans la même école que moi et vivait près de chez nous. On se côtoyait tout le temps. Lorsqu'elle disparut trois jours en novembre 1995, je me suis précipitée chez elle. Sa mère m'a juste dit que Ceda s'était enfermée dans sa chambre. Quand j'ouvris la porte, j'eus l'impression que Ceda ne me reconnaissait pas. Son visage n'exprimait plus rien. Ses yeux étaient vides. Elle brûlait des photos.

– Ceda, qu'est-ce que tu fais ?

Elle m'a tendu une feuille de papier qui traînait à côté d'elle.
— Tu peux lire.
C'était une lettre d'Ali, son amoureux depuis l'enfance. Ils formaient un couple parfait. Tout le quartier les avait déjà mariés. Mais, au début de la guerre, le frère d'Ali, Khamid, fut tué par des soldats russes. Leur père ne supporta pas la mort de son aîné et décéda peu après. Ali se retrouva seul à dix-sept ans avec une mère éplorée. Ceda m'avait déjà raconté son histoire, mais je ne savais pas ce qu'il était devenu.

Ceda, quand tu liras cette lettre, je ne serai peut-être plus de ce monde. En tout cas je l'espère...

— Tu peux lire à haute voix, Milana?

Ceda, quand tu liras cette lettre, je ne serai peut-être plus de ce monde. En tout cas je l'espère, comme la conclusion logique d'une série de problèmes. Il y a quelques heures, pendant des combats, j'ai été blessé et j'ai eu peur de m'en aller sans t'avoir parlé.
Avant tout, je voudrais te remercier pour chaque minute passée en ta compagnie, pour chaque regard, chaque désir et chaque rêve. Nous ne nous marierons jamais. Tu mérites plus de bonheur que cela. Je ne te condamnerai pas à vivre avec moi, avec la personne que je suis devenu, vide, faite de haines et de rancœurs. Je t'aime trop pour cela...

Ceda m'a interrompue.
— Ce n'était pas un changement mais une mort. Il a commencé à parler de vengeance, puis c'est devenu une obsession. Je ne le reconnaissais plus. Il devenait de plus en plus agressif, insultant tous ceux qui ne se battaient

pas. Alors qu'avant il faisait tout pour croiser mon regard, il se mit à le fuir comme la peste. Il s'asseyait près de moi et ne disait rien, répondait à mes questions par des phrases hachées et souvent haineuses. Un fossé se creusait entre nous, chaque jour plus profond. Quand il est venu me voir la dernière fois, j'ai compris que je l'avais perdu. Ses yeux étaient vides. Il n'avait même plus de haine en lui. Plus rien. Il me regardait juste comme s'il voulait voler mon image pour l'emporter je ne sais où. J'étais fatiguée de me battre contre lui pour le retrouver. Je savais que je ne le reverrais plus si je le laissais partir mais je n'ai rien fait pour le retenir... rien...

Elle se tut, le regard perdu dans le vide, puis me supplia de continuer à lire.

> *... J'ai même honte de vivre dans ces montagnes avec tous ces garçons. Ils sont ici pour des idées nobles, l'indépendance, les traditions, la défense de leur village. Ils se sacrifient par générosité, par humanité. Pas moi, Ceda. Pas moi. Moi, je suis là juste parce que ce malheur a touché ma famille, juste pour tuer ou être tué, c'est tout. Je ne t'ai rien dit la dernière fois. Je ne pouvais pas te raconter ce que j'ai fait. J'avais trop peur que tu me haïsses ou que tu me méprises. Mais tu dois savoir et je ne veux pas que quelqu'un d'autre te le raconte. La veille de notre dernière rencontre, j'ai assassiné un prisonnier russe.*
>
> *Tout le monde savait que je voulais venger Khamid. On m'a amené un soldat dans une cave près de chez nous. Je n'ai même pas demandé s'il était lié à la mort de mon frère. Ne pas le tuer, c'était montrer que j'étais un lâche. Pourtant, pour tuer un homme désarmé, il ne faut pas beaucoup de courage, n'est-ce pas? Je me souviens de ton*

> *admiration pour la noblesse avec laquelle nos combattants traitent les prisonniers russes. Tu disais que c'était la différence entre nous et eux. Alors moi, voilà, j'ai brisé cette différence, j'ai tiré toutes les balles de mon chargeur sur ce pauvre garçon. Ma haine sortait avec ces balles. Mais, après la haine, il ne reste plus rien, rien du tout. Il ne voulait pas mourir, il me suppliait de ne pas tirer. Il pleurait comme une femme. Et moi, je lui ai tiré dessus, comme font ces chiens. Il a bougé quelques secondes, le corps criblé de balles. Je n'oublierai jamais ces instants. Je ne pourrai pas vivre avec non plus. Je suis donc parti faire la guerre, abandonnant ma mère et mon amour.*
>
> *Ceda, je ne peux pas trop tarder. On doit déjà lever le campement. Ma vie fut très courte. Mais grâce à toi, je peux dire que j'ai vécu. Sois heureuse.*
>
> *Ali.*

Je n'ai pas compris pourquoi elle m'avait fait lire cette lettre. Elle voulait la brûler, mais je l'ai suppliée de me la donner, pour la lui rendre plus tard, pour qu'il reste quelque chose d'Ali et de son amour. J'ai toujours eu une âme d'archiviste.

Ceda mourut le 2 mars 1996 alors qu'elle se rendait au lycée. Comme si la volonté de vivre qui la protégeait avait disparu. Ou tout simplement par hasard. Par hasard, en fait. Mais je ne peux pas parler de sa mort, c'est trop absurde.

Je suis partie vivre dans un autre quartier de Grozny, Avtovokzal, à la fin du printemps 1996. Nous habitions dans la maison de mon oncle, qui se résumait à deux chambres minuscules. C'est là-bas que les événements d'août 1996 nous ont rattrapés.

9.

L'opération « Djihad »

Grozny, Tchétchénie, août 1996

Un matin très tôt, je fus réveillée par des explosions de plus en plus proches. Ça tirait de partout. Alors que ma grand-mère psalmodiait des prières, les hélicoptères et les avions russes commencèrent à arroser la ville.

Des rumeurs circulaient depuis plusieurs jours. Mais cette fois-ci c'était vrai. Un voisin hurlait : « Les combattants sont entrés dans la ville ! Les combattants sont là ! ». Les unités tchétchènes revenaient au cœur de Grozny. La peur se mêlait à l'espoir. Si les fédéraux parvenaient à repousser les nôtres, il y aurait des représailles inouïes. Mais si les combattants gagnaient…

Pouvait-on seulement croire à ce miracle : des centaines de jeunes reprenant Grozny aux milliers de soldats surarmés qui la gardaient ? C'était un espoir tellement fou que chacun essayait de l'enfouir tout au fond de son cœur. Personne n'osait l'avouer, mais on voyait dans le regard des gens qu'ils s'étaient subitement remis à croire en l'avenir.

Nous étions le 6 août 1996 et l'opération « Djihad » avait commencé. Patiemment mise au point par le chef d'état-major indépendantiste Aslan Maskhadov[1] depuis ses montagnes rebelles, elle prit totalement par surprise l'armée russe. Des groupes de partisans infiltrés dans Grozny depuis quelques jours attaquèrent les troupes fédérales simultanément dans plusieurs quartiers. Il n'y avait plus de ligne, plus de front. Tous, civils, soldats, boeviki, étaient mêlés les uns aux autres. La ville fut fermée par l'armée fédérale. Nous étions pris au piège.

Ma mère étant partie en Turquie pour acheter les vêtements qu'elle revendait ensuite sur le marché de Grozny, j'étais seule avec ma grand-mère et mon frère. Comme nous n'avions pas de cave chez nous, nous avons squatté celle d'un autre immeuble. Nos voisins nous ont rejoints, apportant avec eux matelas, couvertures, bougies et nourriture.

On devait être une trentaine dans cette pièce humide. Quand il pleuvait, l'eau rentrait et ça devenait insupportable. Nous étions constamment attaqués par des nuées de moustiques. Le bruit incessant des explosions et des tirs, ajouté aux ronflements des dormeurs, m'empêchait de trouver le sommeil. Je lisais *Le Tour du monde en quatre-vingts jours* à la lumière des bougies. Quand on est coincé dans une cave à seize ans, il n'y a rien de mieux que les aventures des héros de Jules Verne pour redonner le sens de l'espace et de l'illimité. Mais, bientôt, il n'y eut plus de bougies.

Pendant les rares accalmies, on quittait la cave pour chercher à manger. Raïsa sortait toujours la première préparer du pain pour tout le monde. Son mari avait été tué

---

1. Ex-colonel de l'armée Rouge, chef d'état-major de la guérilla entre 1994 et 1996. En janvier 1997, il est élu président de la République tchétchène. Il est assassiné le 8 mars 2005 à Tolstoï Yourt, en Tchétchénie.

au front. Elle vivait à côté de chez nous avec son fils unique, Imran. C'était une femme très belle. Elle avait deux longues tresses qu'elle portait encore pour plaire à son époux mort. Chaque jeudi et chaque vendredi, elle se pomponnait comme pour un rendez-vous galant. On raconte que ces jours-là, l'âme du défunt retourne sur terre visiter ses proches.

Elle cuisait le pain dans un petit four à bois. Une odeur incroyable se répandait alors jusqu'à la cave, taquinant nos estomacs vides. Puis Raïsa apparaissait avec un immense plateau chargé de pains chauds. Chacun apportait ce qu'il trouvait et on mangeait tous ensemble comme une grande famille. On passait des heures à discuter devant des assiettes vides pour nous prouver que nous ne nous contentions pas de nous alimenter comme des bêtes, que nous pouvions encore dîner, au sens noble du terme.

Au bout de quelques jours, les généraux russes annoncèrent l'ouverture d'un passage pour permettre aux civils de quitter la ville. Il fallait se décider dans l'heure. La plupart des habitants de la cave ont choisi de partir. Ma mère pouvant profiter de ce « corridor humanitaire » pour faire le chemin inverse et nous rejoindre, quelqu'un devait l'attendre. Après une longue négociation, j'ai réussi à faire céder ma grand-mère, que je m'étais promis de ne plus quitter et qui ne voulait pas bouger. Je suis donc restée avec elle et Raïsa.

Nous avons attendu de longs moments dans la rue, le regard fixé sur la colonne de réfugiés qui s'éloignait. Enveloppées dans un silence de mort, au milieu de maisons en ruine et d'arbres mutilés, nous étions comme des ombres incapables de quitter leur théâtre. Nos yeux étaient las, nos bouches muettes. Jusqu'à ce que la reprise des tirs nous extirpe de notre torpeur. Nous sommes redescendues dans notre trou.

Il n'y avait plus de lumière, nous ne faisions plus de blagues, nous ne racontions plus d'histoires. J'étais allongée aux côtés de ma grand-mère, sur un vieux lit en fer, au milieu des affaires abandonnées par nos voisins, plongée dans un abîme de réflexions déprimantes : combien de temps devrait-on rester là ? Retrouverait-on ma mère et mon frère ? Pourrais-je jamais avoir une jeunesse normale ? Dans quel état était Orekhovo ? Qu'aurait fait mon père si on ne l'avait pas tué au Kazakhstan ? Pourquoi chercher à tout prix à survivre si la vie ne veut pas de nous ?

Je ne pensais plus à l'offensive des combattants. Je voulais juste rentrer chez moi. Dormir dans mon lit. Manger à ma table. Et puis la vision de ces garçons jetés dans des trous, enfermés à cinquante dans des camions, battus à mort par des soldats ivres, s'emparait de mes pensées, et je me disais que j'avais de la chance. Je fermais alors les yeux, en me concentrant pour ne penser à rien, attendant je ne sais quoi. Mais, au bout de cinq minutes, mon envie de fuir reprenait le dessus.

Un après-midi, je profitai de la sieste de ma grand-mère et de Raïsa pour sortir. Je me dirigeai vers notre petite maison. Ça tirait de partout. Les balles passaient à côté de moi avec un drôle de bruit. Les hélicoptères se livraient à un manège assourdissant au-dessus de ma tête. Je marchais, inconsciente et stupide. Dans ces conditions, il arrive un moment où l'instinct de préservation disparaît, fût-ce pour un moment très court. C'est alors qu'intervient, ou non, la chance.

Je suis montée chez moi. Notre maison ne s'en sortait pas trop mal au regard des tas de ruines qui l'entou-

L'opération « Djihad »

raient. J'ai trouvé un peu d'eau dans une bouilloire et je me suis lavé le visage. Dès que j'ai retrouvé mon lit, je me suis endormie d'un sommeil de plomb. Mes rêves m'ont renvoyée dans un passé lointain où le présent relevait de l'insoupçonnable. Mon père était avec nous à Grozny. C'était le Nouvel An, un sapin de Noël trônait au centre d'une place. Des gens s'amusaient à se jeter des boules de neige.

« Milana ! Milana ! » J'ai ouvert les yeux. Ma grand-mère, blême, était penchée sur moi. Elle s'est assise en silence. Et au bout d'une heure, nous sommes retournées dans la cave sans dire un mot, à notre place, sur le vieux lit en fer rouillé. Là, pour la première fois, elle me parla comme à une grande. « Il ne faut jamais perdre espoir. C'est comme cela que nous avons survécu jusque-là, nous, les Tchétchènes. Il faut toujours survivre, quoi qu'il en coûte... »

10.

L'histoire de ma grand-mère

Tchétchénie (URSS), février 1944

«... Je me souviens de cette nuit. C'était le 23 février 1944. Les soldats du NKVD[1] ont frappé à coups de crosses à notre porte. Un jeune homme aux yeux bleus nous a donné quinze minutes pour nous habiller et réunir quelques affaires[2]. C'était incroyable. Les soldats qu'on avait hébergés nous chassaient de nos maisons. Les autorités avaient demandé peu auparavant à chaque famille tchétchène d'en accueillir deux ou trois. On pensait qu'ils se reposaient avant de repartir au front. Et comme beaucoup de

---

1. Police politique soviétique, ancêtre du KGB.
2. Dans la nuit du 23 février 1944 Staline ordonne la déportation de la totalité du peuple tchétchène vers les steppes du Kazakhstan pour une prétendue collaboration avec les nazis alors que des milliers de Tchétchènes combattaient au front dans les rangs de l'armée Rouge. Les invalides et les malades, ainsi que les habitants des villages les plus reculés, furent exterminés sur place. On estime qu'un tiers de la population tchétchène a péri dans les premiers mois de la déportation. Il fallut attendre Nikita Khrouchtchev et la réhabilitation des peuples déportés sous Staline pour que les Tchétchènes soient autorisés à rentrer en Tchétchénie, après treize années d'exil, en 1957.

Tchétchènes combattaient avec eux contre les Allemands, on les avait traités comme nos propres fils. On leur avait donné nos plus belles chambres. Et là, ils nous jetaient dehors en hurlant.

J'étais incapable d'ouvrir les yeux tellement il neigeait. Il y avait là trois de mes sœurs, Fatima, Rukiya, Zaida, mes deux frères Ahyad et Ali, deux cousines, Acya et Kheda, et deux cousins, Ali et Umar. Ma pauvre mère, restée seule après la mort de papa, fusillé en 1937, devait s'occuper de dix enfants au milieu de cette apocalypse.

Il y avait aussi notre grand-père, Douti, qui refusait de partir et répétait sans cesse : « Je suis vieux. Laissez-moi mourir dans mon village ! » Ma mère l'a caché dans le hangar. Un des soldats qui habitaient chez nous les a surpris. Il a prévenu mon frère aîné qu'il ne fallait laisser Douti sous aucun prétexte, car ceux qui restaient seraient tués sur place. Beaucoup de vieillards, de femmes enceintes, de gens malades ont été achevés dans les hangars, incendiés, fusillés ou jetés dans les précipices. La femme de mon cousin a été brûlée vive à Haybakh avec sept cent seize autres personnes. Le plus vieux avait cent deux ans et le plus jeune six heures. Juste parce que les routes enneigées compliquaient leur transfert vers la plaine. Tu n'as pas appris ça à l'école, n'est-ce pas ?

Nous avons obligé Douti à nous suivre. J'avais onze ans, je ne comprenais pas pourquoi ces gens armés nous bousculaient et nous hurlaient dessus. Une longue colonne s'est mise en marche. Les pleurs des enfants se mêlaient aux cris des soldats. À la sortie du village on a dû attendre pendant des heures les gens des hameaux voisins, Akhi, Itar-Kal et Arzmi-Kal. Quand ils sont enfin arrivés, les soldats nous ont fait avancer comme du bétail, à coups de fouets, de cravaches et de crosses.

Ceux qui n'avaient plus la force d'avancer étaient tués. Je me souviens d'un vieillard avec des béquilles. Un garçon essayait de le soutenir. Le vieillard l'implorait de le laisser tomber. Un soldat les poussait en les insultant. À un moment, le vieux ordonna sèchement au jeune Tchétchène de le lâcher et d'avancer. Il se retourna vers le soldat et le frappa avec sa béquille. Le soldat a tiré. Le garçon s'est retourné, a couru vers le vieillard et a subi le même sort. Autour de nous, la neige devenait rouge, nos montagnes saignaient.

On traversa plusieurs villages déserts avant d'arriver à Mergi. Les officiers ont décidé que nous y passerions la nuit. Il n'y avait plus que des chiens et des chats. La plupart des maisons étaient en feu et on voyait dans les montagnes d'autres flammes s'élever au loin. Toute la Tchétchénie brûlait cette nuit-là.

À l'aube, nous avons repris notre marche. Au bout de deux jours, nous sommes arrivés à Alcun où nous avons été jetés dans des camions qui nous ont emportés jusqu'à Slepsovsk en Ingouchie. Là, des wagons à bestiaux barrés de la mention « ennemis du peuple » nous attendaient.

Nous étions tellement nombreux qu'il n'y avait pas assez de place pour s'asseoir. Les femmes avec enfants et les vieillards étaient par terre, les jeunes debout. Le trajet a duré environ deux semaines. Assoiffés, on ouvrait la bouche pour boire l'eau qui dégoulinait du toit. Les gens tombaient comme des mouches, surtout les vieux et les enfants.

De temps en temps, le train s'arrêtait. Sous les cris des soldats, les femmes, les hommes, les vieux et les jeunes devaient faire leurs besoins aux yeux de tous. C'était une vraie torture. Ma petite sœur, qui avait sept ans, pleurait, me demandant de l'emmener plus loin. Mais ceux qui s'éloignaient étaient fusillés sur-le-champ.

Pendant ces arrêts, les soldats entraient dans les wagons. Ils jetaient les morts dehors. Parfois ils nous permettaient, contre des bijoux ou des vêtements, de mettre un peu de neige sur les cadavres pour un semblant d'enterrement. Par la minuscule fenêtre du wagon, on voyait les innombrables corps vomis par les convois précédents. Des milliers de gens furent laissés comme ça, sans sépulture, au milieu des steppes.

Nous sommes finalement arrivés à Pavlodar, ville perdue du Kazakhstan. On nous a enfermés dans un grand entrepôt militaire. Nous étions gelés, épuisés et sales. Affamés aussi. Je ne sais toujours pas par quel miracle nous avons survécu.

Puis vint le temps du tri. Notre famille fut envoyée dans le district de Lebyageskiy. Douti y est mort au bout de deux jours, soulagé, disait-il, de ne pas avoir été « perdu en route » et d'avoir droit à une sépulture. Il nous a fait jurer de rapporter ses os dans les montagnes de Tchétchénie, si jamais nous avions la chance de les revoir un jour. Notre exil commençait. Il dura treize ans. »

11.

L'histoire de ma grand-mère (suite)

District de Lebyageskiy, Kazakhstan (URSS), novembre 1944

« *Naniii*[1]... » Une voix très faible parvint de dehors.
On se regarda, stupéfaits. Seule maman comprit, murmura "Habiba" et se précipita dehors.
Ma grande sœur Habiba ne vivait plus avec nous depuis son mariage. Elle avait été déportée de son côté avec son époux qui était mort du typhus peu après l'arrivée au Kazakhstan. Gravement malade elle aussi, elle apprit par hasard que nous vivions dans un district proche du sien. Des Kazakhs la conduisirent en secret jusqu'à nous.
Quand nous sommes tous sortis, maman la serrait dans ses bras, à genoux dans la neige, pleurant toutes les larmes de son corps. Nous avons porté Habiba dans notre chambre. Elle était méconnaissable. Ses yeux clairs qui brillaient jadis comme deux étoiles s'étaient voilés. Son visage d'enfant aux joues roses s'était couvert de rides. Son

---
[1] Maman, en ancien tchétchène.

corps rond était devenu un squelette informe. Ses deux longues tresses blondes avaient laissé place à un crâne rasé. Maman était alors en train de préparer des pains chauds. Je lui en portai un.

— Du pain ! Mais qu'est-ce que vous faites ? Les gens... les gens... oh mon Dieu ! les gens meurent de faim partout. Les gens meurent de faim et vous...

Elle répétait ça en serrant le pain contre sa poitrine, comme si nous ne comprenions pas de quoi elle parlait. Avoir du pain, à l'époque, c'était un luxe quasi criminel, nous en étions plus que conscients. Nous savions que les Tchétchènes des villages voisins continuaient à chercher des pelures de pommes de terre dans les poubelles des Kazakhs. Ces pelures, nous aussi, nous les avions cuites et mangées. C'était d'ailleurs déjà une chance d'en trouver. Généralement, il fallait se contenter d'eau chaude avec du sel.

Comment pouvions-nous manger du pain ? Pas loin de chez nous, il y avait des champs de blé appartenant au kolkhoze local. Il nous était interdit d'en approcher, mais on s'y rendait tous vers quatre heures du matin pour fouiller la terre glacée et, sous la neige, récupérer les épis tombés au cours des moissons de l'été. On cherchait à mains nues, la peur au ventre. Chaque épi trouvé nous apportait un tel bonheur qu'on oubliait nos doigts gelés.

Ce trésor que l'on rapportait à la maison éloignait de nous, jour après jour, la mort qui rôdait partout. Maman avait construit une sorte de moulin d'où elle tirait de la farine et un four artisanal où elle cuisait le pain. Elle s'était transformée, avec ses dix enfants à nourrir, en reine de la débrouillardise et réussit à nous faire tous survivre à ce premier hiver qui décima notre peuple.

Notre situation désastreuse ne suffisait pas aux Russes. Ils ont édicté des règles spécifiques pour nous, les Tchétchènes et les Ingouches[1]. Nous n'avions pas le droit de travailler, pas le droit de nous déplacer sans autorisation spéciale, pas le droit de faire des études, bien sûr. Il y avait aussi cette loi stipulant que toute fille tchétchène ou ingouche épousant un homme d'un autre peuple ne serait plus considérée comme une déportée alors que toute fille étrangère qui épouserait un Tchétchène ou un Ingouche serait automatiquement soumise au régime spécial de la relégation. Leur but était de nous faire disparaître en tant que nation.

Notre seul objectif fut donc de survivre par tous les moyens. Survivre individuellement et en tant que nation. Nos anciens se réunirent et édictèrent des contre-règles non écrites : des choses interdites auparavant comme le vol ou le mensonge furent tolérées par la communauté. Et tout ce qui contribuait à détruire notre peuple, comme le mariage de nos filles avec des autochtones, devint passible de mort. Même si cette interdiction existait déjà au pays, elle devint le crime suprême. C'est ainsi que les peuples tchétchènes et ingouches n'ont pas disparu.

Le pouvoir soviétique avait strictement interdit aux Kazakhs d'entrer en contact avec nous. Il leur expliquait que nous étions des ennemis du genre humain, des sauvages, des cannibales. Au début, les Kazakhs nous évitaient comme la peste. Mais après quelque temps, nos rapports ont évolué grâce aux enfants qui nous rendaient visite en cachette. Ils racontèrent à leurs parents que ces « animaux » faisaient les mêmes prières qu'eux, qu'ils préféraient manger du pain plutôt que des hommes et qu'ils

---

1. Les Ingouches, voisins et cousins des Tchétchènes, furent déportés à la même époque.

pouvaient sourire comme tout le monde. Progressivement, les Kazakhs se mirent à nous respecter et même parfois à nous aider.

Nous avons eu la chance de tomber sur un chef de kolkhoze décent. Au printemps, il nous a autorisés à faire des travaux dans les champs, ce qui permit à maman d'acheter une machine à coudre. Elle fabriquait des vêtements qu'elle troquait ensuite contre des pommes de terre, du blé ou du lait.

Mon grand frère Ahyad s'est marié. C'était la première occasion de vraiment nous réjouir depuis la déportation. Malheureusement il fut arrêté quelques mois plus tard et envoyé au goulag pour avoir volé de la viande dans un magasin d'État. Ma sœur Habiba s'est remariée. Mais son mari fut arrêté à son tour. Pour "propagande antisoviétique". Il avait dit au passage d'une voiture luxueuse qu'avec un tel engin, il filerait direct en Europe de l'Ouest, loin de cette terre maudite. Verdict : dix ans de camp.

Moi, je suis partie avec mon mari, Hamid, dans un autre village. J'ai eu deux fils, Zelim, ton père, et Ziya. J'ai commencé à goûter au bonheur, le pur bonheur. Mais Ziya est mort au bout d'un an. Puis ma belle-sœur est tombée gravement malade. Hamid étant musicien, elle lui demandait de jouer du *detchigpondar*[1] pour apaiser ses souffrances. Elle est morte en l'écoutant. Peu de temps après, ce fut au tour de mon mari de tomber malade. Le diagnostic, dans les conditions de l'époque, s'avéra fatal : pneumonie.

Je n'oublierai jamais la nuit de sa mort. Il n'y avait personne pour nous aider. On pleurait tous les trois, Hamid, ton père et moi. J'aurais tellement voulu l'aider,

---

1. Guitare tchétchène à trois cordes.

L'histoire de ma grand-mère (suite) | 65

partager son mal. Je ne pouvais que le serrer dans mes bras. Il me suppliait de l'excuser de nous abandonner ainsi dans les steppes hostiles du Kazakhstan. Ton père s'accrochait à lui pour le retenir parmi nous.

Après l'enterrement, je suis retournée dans ma famille. En 1957, nous avons été autorisés à rentrer en Tchétchénie. On a dû repartir de zéro. Les Russes avaient détruit nos cimetières, nos villages. Ils occupaient nos maisons. Nous n'avions pas le droit de retourner dans les montagnes et c'était compliqué de s'installer à Grozny.

Mais tout était sans importance, nous foulions à nouveau notre terre. Nous avions réussi à survivre assez longtemps pour revenir d'exil. Nous rapportions la mémoire de tous les Tchétchènes morts. Notre histoire continuait. Nous allions reconstruire notre pays. Avant qu'il ne soit à nouveau détruit.

Milana, ne t'inquiète pas, nous le reconstruirons encore une fois, comme toujours. Nous n'avons pas le droit au désespoir, nous n'avons pas le droit. Après ces siècles de souffrance, abandonner serait trahir nos martyrs, cracher sur nos douleurs, signifier que tout était inutile. Nous sommes condamnées à l'espoir, Milana. »

12.

Paix !

Grozny, Tchétchénie, août 1996

Lorsqu'un second « corridor humanitaire » fut ouvert, nous n'avions toujours pas de nouvelles de maman et nous sommes parties, ma grand-mère, Raïsa et moi, vers Naltchik. Des centaines de personnes sont sorties des ruines et se sont dirigées avec nous vers le point de passage. Des combattants nous saluaient en promettant que l'on pourrait bientôt rentrer dans une Tchétchénie libre. Raïsa, transportée de joie, voyait revivre son mari en chacun d'eux.
— Ce sont des héros, les vrais fils de la Tchétchénie. Milana, promets-moi de te marier avec un boevik.
Ma grand-mère répliqua sèchement :
— Qu'est-ce que tu racontes là ? C'est encore une enfant. Et arrête de t'exalter. Il faut d'abord sortir d'ici. Puis gagner la guerre. Puis envoyer la petite à l'université...
Un camion rempli de femmes, d'enfants et de vieillards nous prit en stop. Le soir, nous sommes arrivées à Naltchik. Depuis le début de la guerre, je n'étais pas sortie de Tchétchénie. J'avais oublié à quoi ressemblait la paix.

J'étais abasourdie devant ces immeubles intacts, ces routes lisses, ces voitures, ces gens dehors, cet univers insouciant distant de quelques kilomètres seulement de mon enfer.

Le frère de Raïsa vivait depuis longtemps à Naltchik. Ses deux appartements étaient occupés par des réfugiés. Je retrouvai là mon frère. Pas ma mère. Elle était revenue de Turquie au début de l'opération « Djihad » et s'était retrouvée bloquée à la frontière tchétchène. Quand le premier couloir fut ouvert, elle voulut rentrer à Grozny. Mais ma tante Lara réussit à la convaincre depuis Moscou par téléphone que nous quitterions Grozny sans aucun doute et qu'elle se retrouverait bêtement toute seule dans les ruines. Quand ma mère vit que je n'étais pas partie, elle faillit devenir folle.

Aussi, quand l'armée décréta l'ouverture d'un nouveau corridor, elle n'attendit pas une seconde et prit la route de Grozny. Nous avons dû la croiser, seule à remonter le flot des voitures, des camions et des charrettes à contre-courant. C'était à notre tour de l'attendre bien au chaud alors qu'elle était en train de nous chercher de cave en cave au milieu des tirs.

Nous passions le plus clair de notre temps devant la télé. Les gens suivaient l'évolution des batailles. Moi, j'essayais d'apercevoir le visage de ma mère. Un jour, un journaliste de la chaîne privée NTV[1] prononça ces mots : « Les troupes fédérales se replient et quittent Grozny. » Je n'en croyais pas mes oreilles. Tout le monde a hurlé de

---

1. La chaîne de télévision russe NTV fut connue pour sa couverture indépendante et critique de la première guerre de Tchétchénie. C'était le symbole de la liberté de la presse qui suivit à Moscou la chute du communisme. Vladimir Poutine la reprit en main dès son accession au pouvoir et fit renvoyer la quasi-totalité de ses journalistes.

joie. Nos jeunes avaient défait l'armée Rouge! L'empire était vaincu!

Le 31 août 1996, Aslan Maskhadov et le général russe Alexandre Lebed ont conclu un accord de cessez-le-feu à Khassaviourt. À la télé, on voyait les deux hommes, tous deux anciens officiers de l'armée Rouge, jouer aux échecs en marge des négociations. Ils se respectaient et jouissaient tous les deux de la confiance de leur peuple. Maskhadov était l'homme clé de l'offensive des boeviki sur Grozny, le grand stratège de la résistance. Face à lui, Alexandre Lebed venait de réaliser une percée électorale importante en Russie en prônant l'ordre et la paix. Il avait une réputation d'homme intègre et ferme.

Aussi parvinrent-ils rapidement à un accord que nous jugions tous excellent : les soldats russes allaient bientôt repasser la frontière dans l'autre sens, les prisonniers des deux camps seraient libérés, des élections seraient organisées en Tchétchénie, et surtout on s'engageait à régler pacifiquement la question du statut définitif du pays d'ici à fin 2001... Nous étions libres! Nous pouvions rentrer chez nous sans craindre les rafles, les bombes et les rackets.

À Grozny, ma mère a fondu en larmes en nous voyant réapparaître. Nos retrouvailles étaient cette fois-ci éclairées du soleil d'une paix naissante. Des gens nettoyaient déjà le centre-ville en vue du 6 septembre, fête de l'Indépendance. Cette journée de célébration avait été instaurée quelques années plus tôt par Djokhar Doudaev[1], notre premier président.

---

1. Djokhar Doudaev, ancien général de l'Armée Rouge, fut le premier président de la République d'Itchkérie (Tchétchénie). Leader de la guérilla indépendantiste lors de la première invasion russe (1994-1996), il fut abattu par un missile le 21 avril 1996. Zelimkhan Iandarbiev lui succéda à la présidence. Mais son

Ce 6 septembre, la place Lénine était noire de monde. On dansait, chantait, criait. On se félicitait tous les uns les autres pour «notre» victoire. Il y avait des drapeaux tchétchènes partout. Ce fut un immense bal populaire au milieu des ruines. La ville que le général Gratchev avait promis de conquérir en deux heures[2] fêtait sa victoire, un an et demi et des dizaines de milliers de morts plus tard.

Je rencontrai des amis que j'avais perdus de vue depuis le début du conflit. On évitait de demander des nouvelles des gens qui n'étaient pas sur la place par peur de la réponse. C'était notre jour à nous, les Tchétchènes, la fête des résistants. Nous avions gagné, sans aucune aide étrangère. À ce moment-là, on crut tous que trois siècles d'oppression et de guerres prenaient fin.

---

véritable héritier fut Aslan Maskhadov, le chef d'état-major de la guérilla, leader plus populaire et plus modéré que Iandarbiev.

2. Le général Pavel Gratchev, alors ministre de la Défense de la Fédération de Russie, avait déclaré sur les chaînes de télé russes en décembre 1994 que Grozny serait prise en deux heures avec l'aide d'un seul bataillon de parachutistes.

13.

Retour à Orekhovo

Orekhovo, Tchétchénie, octobre 1996

> *Une fois l'ennemi parti, il revint au village. Sa maison était saccagée, le toit s'était affaissé, les portes brûlées et l'intérieur souillé. Le cadavre de son fils [...] gisait sur le seuil de la mosquée. Les puits avaient été souillés pour que les habitants ne puissent plus prendre d'eau. La mosquée avait été profanée. [...] Personne ne disait mot, n'extériorisait son mépris pour les Russes. Le sentiment que tous les Tchétchènes éprouvaient, du plus petit au plus grand, était du reste bien plus fort que le mépris.*
> Léon Tolstoï, *Hadji Mourat*[1].

Je suis retournée pour la première fois à Orekhovo le 7 octobre 1996. Mon village n'existait plus. À sa place

---

1. Dans sa jeunesse, comme avant lui Pouchkine, Lermontov et tant d'autres, Léon Tolstoï participa à la colonisation militaire du Caucase. C'était déjà la grande affaire de l'empire, une expérience fondatrice pour des milliers de jeunes Russes. En écrivant au crépuscule de sa vie *Hadji Mourat*, Tolstoï revisita ses souvenirs de jeunesse, livrant au peuple russe un magnifique testament anti-impérialiste.

trônait une immonde décharge. Notre maison fut l'une des seules à ne pas avoir été rasée au printemps 1995. Elle a donc été squattée par des soldats russes. Douilles, obus, tessons de bouteilles, ordures et papiers sales se mêlaient aux excréments humains dans notre cour, notre jardin et même à l'intérieur de notre maison.

Alors qu'il y avait des toilettes au fond de la cour, ils avaient fait leurs besoins jusque dans les chambres et la bibliothèque. Le premier livre profané que je ramassai, c'était *Zelimkhan* de Mamakaev. Je pensai d'abord qu'ils s'étaient torchés avec parce qu'il s'agissait d'un livre écrit par un Tchétchène sur les aventures rebelles d'un autre Tchétchène. Mais j'ai vite compris que ce n'était pas du tout ça. Les autres livres avaient subi le même sort. Tolstoï, Lermontov et Pouchkine, aussi bien que les poètes caucasiens, s'étaient transformés en papier toilette.

Mes dessins : idem, déchiquetés et souillés de la même manière. Il y en avait des dizaines. J'avais passé des heures et des heures à inventer un monde fantastique peuplé de personnages étranges et drôles qui avaient chacun un nom, une histoire, une vie. Il n'en restait que des traces de merde. Quant à la robe rose de princesse que je devais porter au bal, elle était déchirée et souillée.

Je fus submergée par les sentiments dépeints un siècle plus tôt par Tolstoï. Plus que de mépris ou de haine, il s'agissait de stupeur. Une stupeur reléguant nos oppresseurs dans le néant. Pourquoi ? Pourquoi agissent-ils comme ça ? Pourquoi *sont*-ils comme ça ?

Je regardai autour de moi. Les murs étaient couverts d'insultes taguées en partant : « On vous égorgera plus tard, tas de culs noirs », « On vous écrasera demain sinon aujourd'hui ! », « On a bien niqué vos mères, on reviendra pour vos sœurs ! »... Rien n'avait changé depuis *Hadji Mourat*.

– Milana ! Milana ! Redescends sur terre et viens nous aider !

Ma mère avait nettoyé un bout de la cour pour qu'on puisse se reposer pendant nos travaux. Nous vivions désormais à Grozny, mais nous allions reconstruire notre maison. Comme tous les Tchétchènes.

Alors que je visitais notre village, un arbre attira mon attention. Mutilé, brûlé, il semblait mort. En m'approchant, j'ai discerné de petits bourgeons. Il vivait malgré tout. Cet arbre, c'était mon peuple.

14.

La victoire gâchée

Grozny, Tchétchénie, janvier 1997

Le 27 janvier 1997, nous sommes tous allés voter en famille, avec mes oncles, mes tantes, mes cousins et mes cousines. Ma grand-mère était si émue de choisir enfin son président que des larmes de joie ont mouillé ses yeux pendant toute la journée. Il y avait une immense file d'attente devant chaque bureau de vote. Les autorités ont dû prolonger le scrutin pendant deux heures. Les gens se congratulaient. Personne ne demandait pour qui on votait. Le simple fait de voter était déjà une victoire en soi.

Il y avait des observateurs internationaux, des journalistes européens et américains dans toute la ville. Lors de la première élection totalement libre réalisée sur le territoire russe depuis des lustres (nous n'étions toujours pas officiellement indépendants), Aslan Maskhadov a été élu avec 59 % des voix, devant Chamil Bassaev, 23 %.

Maskhadov était le candidat modéré. Cet ancien officier de l'armée Rouge, devenu chef d'état-major des combattants indépendantistes, avait organisé à la fois la résistance, la victoire et le cessez-le-feu. C'était le choix de la raison, de la liberté et d'un modèle de développement démocratique, mais aussi le choix de la paix avec la grande Russie.

Chamil Bassaev était un personnage bien plus complexe et sulfureux. Combattant héroïque au charisme évident, il était sorti de la première guerre auréolé d'une gloire immense, surtout auprès des jeunes. Mais nous n'en voulions pas comme président. Alors qu'il disait avoir hâte de retourner dans son village pour produire du miel, il était clair qu'il ne se voyait pas autrement qu'en leader incontesté de tous les Tchétchènes, voire des autres peuples caucasiens. Il n'accepta jamais sa lourde défaite électorale. Cela n'empêcha pas Maskhadov de signer un accord de paix avec Boris Eltsine le 12 mai 1997. La guerre semblait bien finie.

J'ai terminé l'école et je suis entrée à l'université en septembre 1997, au département des langues étrangères. Cela me plaisait vraiment de pouvoir me dire : « Ça y est, Milana, tu es une étudiante. »

L'université était complètement détruite. Quand nous avons enfin pu avoir une salle pour les TD, elle n'avait pas de porte, était pleine de vêtements et de draps sales, de vaisselle cassée. Il y avait aussi deux lits et un four. Les murs étaient noirs et les fenêtres ne s'ouvraient plus. Avec les autres étudiants, on s'est regardés et on a ri.

Nous nous sommes mis au travail. Ce n'était pas à proprement parler ce dont je rêvais comme entrée dans la vie étudiante, mais c'était drôle. Nous avons réuni de l'argent et nous avons acheté du matériel, de la peinture. Les garçons ont trouvé une porte Dieu sait où. Même notre professeur participait aux travaux. Dans un pays normal, le gouvernement aurait dû se charger de tout ça. Mais notre État était ruiné et il y avait tant de choses à faire pour reconstruire notre pays. Nous étions fiers d'apporter notre petite contribution. Cela nous a permis de nouer d'emblée des liens très forts.

En dix jours, la salle était prête. Les cours m'intéressaient beaucoup. Même si nous manquions de tout, nous nous sentions enfin comme des jeunes normaux. L'arrivée de l'hiver posa problème car nous n'avions pas de chauffage. On a acheté deux radiateurs électriques et on gardait nos manteaux sur le dos. Ça suffisait pour les TD. Par contre, l'amphi était glacial. Nous n'arrivions pas à prendre des notes. Les températures descendirent tellement que les autorités suspendirent les cours pendant deux mois pour éviter que les étudiants ne tombent tous malades.

Zarema était inscrite avec moi à la faculté de langues étrangères et sa famille déménagea juste à côté de chez nous. Je me moquais d'elle en disant qu'elle me suivait à la trace comme un vieil amoureux. Nous allions ensemble en cours tous les jours. Dans le centre-ville, le café Stolichny a rouvert. Les gâteaux y étaient excellents. C'est vite devenu notre QG.

J'aimais vivre à Grozny, rebaptisée Djokhar-Kala en l'honneur de Djokhar Doudaev. Malgré les ruines, les gens mutilés, les accès de tristesse qui s'emparaient de nous, c'était un moment heureux dans ma vie.

Nous étions libres... On pouvait dire ce qu'on voulait à qui on voulait quand on le voulait. Mais nous ne savions pas quoi faire de cette liberté. Le pays était en ruine et les élites sortaient laminées par la guerre. Il n'y n'avait pas de travail et la société manquait cruellement de cadres. En plus, les Russes imposaient un blocus strict au pays. Ils nous coupaient totalement d'un monde qui, de toute façon, ne se précipitait pas pour nous aider.

Au bout d'un an, les gens furent déçus. Aslan Maskhadov faisait ce qu'il pouvait. Mais, abandonné par l'Occident, il se retrouvait coincé entre les wahhabites qui commençaient à lui poser de sérieux problèmes, Chamil Bassaev qui sapait constamment son autorité et les Russes qui avaient conservé leurs réseaux en Tchétchénie. La liberté était tombée du ciel et des milliers de gens en profitaient pour instaurer le chaos.

Deux djihadistes arabes notoires sont venus en Tchétchénie pour essayer d'imposer leur vision de l'islam : Khattab, allié à Bassaev, et Abdourakhman, originaire de Zarqa en Jordanie. Dans son pays, Abdourakhman avait été renvoyé de l'école et, chez nous, il s'autoproclamait « juge de la charia ». C'était vraiment n'importe quoi ! La majorité des gens détestait ces deux-là, mais ils avaient séduit quelques jeunes Tchétchènes dupés par leur tartufferie ou attirés par les pétrodollars venant du Golfe. La hantise de Maskhadov était que la victoire de 1996 ne dégénère en guerre civile comme en Afghanistan. Il refusa donc d'anéantir les fanatiques qui remettaient en cause son autorité.

Pourtant, la pression pour les éliminer montait jusque dans son armée. Le centre des wahhabites se situait à Goudermès, au nord du pays, dans une région qui n'a jamais résisté aux Russes. Un jour, des centaines de combattants pro-Maskhadov ont encerclé Goudermès, décidés à en finir avec les intégristes. Chamil Bassaev supplia la présidence de ne pas permettre à des Tchétchènes de verser du sang tchétchène. Alors que les combattants entraient dans la ville, arriva l'ordre de permettre aux wahhabites de fuir vers Urus-Martan. La peste de l'extrémisme allait encore nous empoisonner la vie.

Malgré ses hésitations, les gens soutenaient en masse Maskhadov. Le 16 décembre 1998, son jeune porte-parole Mayrbek Vatchagaev, par la télévision, a lancé un appel au peuple pour soutenir le président contre les wahhabites. Le lendemain, près de cent mille personnes ont convergé vers la place centrale de Grozny. Pour un pays qui compte moins d'un million d'habitants ! Les gens arrivaient de toute la Tchétchénie, en voitures, en camions, en tracteurs, à pied. Le slogan était simple : « Donne juste un ordre, nous te suivons. » L'ordre n'est jamais venu. Les Russes se frottèrent les mains.

15.

L'agora de Grozny

Grozny, Tchétchénie, été 1998

Le bus arrivait. Une grosse femme en bloquait l'accès et assénait de sa voix de stentor :
— Le prix du trajet, s'il vous plaît !
C'était un rite. Les gens lui donnaient chacun un rouble et montaient dans l'autobus, sans aucun doute le lieu le plus drôle et le plus pittoresque de la ville. Parfois quelqu'un essayait de resquiller. Notre cerbère le rattrapait alors d'une main ferme.
— Le transport est payant, voyou !
— Je suis un étudiant…
— Je suis un retraité…
— Je suis un invalide de guerre…
— Écoute, si tu n'as pas d'argent, dis-le, je vais comprendre. Mais il ne faut pas se foutre de ma gueule. C'est un bus privé et le chauffeur a une famille à nourrir. Il ne peut pas vous offrir à tous le voyage. Il faut attendre le prochain bus, celui du gouvernement. Dans celui-là tu pourras resquiller à ta guise, il est gratuit.
— Tout le monde nous dit que le prochain sera gra-

tuit, mais ce bus du gouvernement, il ne vient jamais ! On ne va quand même pas l'attendre toute notre vie !

À l'intérieur, nous étions serrés comme des sardines. Les plus âgés prenaient les premières places assises, les femmes et les enfants se partageaient celles qui restaient. Si une personne âgée montait et qu'un jeune ne laissait pas sa place, les adultes partaient dans d'interminables cours de morale tchétchène : « Nous ne sommes pas à Moscou, ici, petit voyou. Nous sommes des Tchétchènes. Depuis la nuit des temps, nous avons élevé nos enfants dans le respect des gens qui savent… »

Le bus, c'était l'agora de Grozny. Chacun y faisait part de son programme pour le pays. Entre deux stations, chaque Tchétchène était président. Pauvre Maskhadov qui devait gouverner un peuple de présidents ! Chaque bus était une école de la liberté et de la démesure, un théâtre ambulant.

L'endroit le plus cool, c'était l'arrière, là où se regroupaient les jeunes. Les garçons y passaient leur temps à draguer les filles. Il faut dire qu'elles semblaient tout droit sorties d'un défilé de mode, avec leurs coupes de cheveux modernes, leur maquillage, leurs ongles manucurés et leurs chaussures à talons. Le contraste entre la vie qui animait l'intérieur des bus et les ruines de Grozny qui défilaient derrière les vitres était saisissant.

Un matin au début de l'été 1998, j'étais avec Zarema, Aladin et Omar à l'arrière du bus, bien sûr.

– C'est là, juste là, ma boutique ! Regardez ! Vite !

– Mais où ? On ne voit rien ?

Nous nous sommes collées à la vitre, Zarema et moi. Mais on n'a vu que des immeubles à moitié détruits. Omar a poussé un soupir.

– Trop tard !

L'agora de Grozny | 83

Omar venait d'ouvrir son propre magasin. Un an plus tôt, il n'avait rien, pas un sou, et là, il ouvrait un commerce. C'était tout lui. Son père était mort quand il était tout petit et, depuis, il avait dû s'occuper de sa famille et avait appris à tout obtenir grâce à sa débrouillardise.

– C'est un commerçant de naissance ! dit Aladin, son meilleur ami, en souriant.

Omar et Aladin étaient un peu plus âgés que nous. Tous deux étudiaient la géographie. Omar, en plus de l'université, suivait les cours de l'Institut du pétrole. Ils élaboraient sans cesse des projets d'avenir grandioses.

À un arrêt, une vieille babouchka russe est entrée. Elle s'est adressée à un jeune homme en uniforme militaire qui avait trouvé une place assise.

– Jeune homme, tu peux me laisser ta place, s'il te plaît ?

Le garçon n'esquissa pas le moindre mouvement. Les gens lui lancèrent des regards désapprobateurs.

– Tu n'entends pas ? Elle t'a demandé ta place, a crié une femme.

– Je suis très fatiguée, c'est pour ça que je la demande. J'ai travaillé toute la journée, a osé la vieille femme russe d'une voix timide.

– Moi aussi, je suis fatigué, a répondu le jeune. Vous avez pris notre place pendant trop longtemps déjà. Retourne donc chez toi et demande une place là-bas à un de tes jeunes.

– Eh oh ! Elle est plus chez elle ici que toi, blanc-bec. Ce n'est pas du haut de tes vingt ans que tu vas décider qui est ici chez lui ! répliqua vertement une femme d'une cinquantaine d'années.

– Comme vous êtes bons et justes ! Où étiez-vous

quand ils nous massacraient, quand on se battait pour que vous viviez en paix ? reprit le jeune « héros ».

— Tu es vraiment ridicule... Je suis sûre que tu t'es caché dans les jupes de ta mère pendant la guerre. Et maintenant tu insultes une vieille dame pour prouver ta force ! a crié une troisième femme.

On lisait le mépris le plus profond sur le visage des gens. La babouchka semblait d'autant plus gênée qu'une autre personne lui avait déjà laissé sa place.

Omar, qui n'avait rien dit jusque-là, s'est avancé lentement vers le jeune rebelle. Il s'est adressé à lui d'une voix glaciale, presque inaudible :

— Debout et tout de suite...

Je ne reconnaissais plus Omar. Ses yeux, sa voix, ses mouvements, tout avait changé en lui. Il affichait la sévérité d'une statue de commandeur et les yeux d'un bourreau.

— J'ai dit debout et tout de suite !

Le gentil Omar était devenu la colère même. Le malpoli a voulu répliquer, puis s'est ravisé et a laissé son siège en grommelant. Omar a aidé la babouchka à se lever pour s'asseoir à sa place, a indiqué la sortie à l'imbécile d'un geste de la main et nous a rejoints. Il n'a plus dit un mot du trajet.

Plus tard, j'ai compris ce qui lui était arrivé ce jour-là. Omar et Aladin s'étaient battus pendant toute la guerre. Ils étaient fatigués et n'aspiraient qu'à rattraper le temps perdu, à mener une vie normale. Ils étaient les garçons les plus calmes et les plus doux de la fac. Mais il y avait une chose qui les mettait hors d'eux : ces résistants autoproclamés qui se pavanaient dans la ville et cherchaient à imposer leur loi au nom d'une guerre qu'ils n'avaient souvent pas livrée. Cela revenait à cracher sur tous les héros morts pour notre liberté.

C'est, je crois, le propre de toutes les résistances que d'accoucher sur le tard de fanfarons trahissant l'idéal qui a guidé la lutte. Il fallait les voir se débander, ces djihadistes de la vingt-cinquième heure, lorsque les Russes sont revenus en 1999. Se découvrir moudjahid en 1997 en Tchétchénie et s'attaquer aux civils russes restés à Grozny, c'est comme prendre subitement sa carte au Parti communiste en France en 1945 et raser le crâne des filles supposées avoir couché avec des Allemands. Pour montrer au monde le courage dont on n'a pas su faire preuve quand l'ennemi occupait le pays.

En 1999, lorsque tout recommença, les jeunes tels qu'Omar et Aladin, ceux qui désiraient voyager, apprendre l'anglais ou le français, fonder une famille ou draguer les filles, monter un commerce ou faire du cinéma, sont partis mourir dans les montagnes alors que les hystériques de la charia ont souvent été les premiers à se réfugier hors de Tchétchénie. Pour continuer le combat, dirent-ils. Pour fuir les balles, surtout…

16.

Un air de déjà-vu

Grozny, Tchétchénie, automne 1999

Le 1ᵉʳ octobre 1999, j'étais dans la cour de l'université avec deux amies, Radima et Zalina. Il faisait beau et nous n'avions pas envie d'aller travailler. Soudain, des avions sont apparus dans le ciel, messagers impersonnels de notre retour en enfer.

Nous savions que la situation politique était extrêmement tendue depuis deux mois. En août, nous avions suivi avec inquiétude les aventures criminelles de Chamil Bassaev au Daghestan[1] et l'ascension d'un obscur agent du KGB vers les sommets de l'État russe. Il s'appelait Vladimir Poutine et personne n'en avait jamais entendu

---

1. En août 1999, le leader radical Chamil Bassaev, aidé par le wahhabite jordanien Khattab, pénètre avec des centaines de combattants dans la République voisine du Daghestan pour aider des insurgés locaux. Cette violation du territoire russe par des forces tchétchènes entraîne un remaniement ministériel à Moscou. C'est le début de la carrière politique de Vladimir Poutine. Encore aujourd'hui, des doutes subsistent sur d'éventuelles complicités au sein du pouvoir russe avec cette incursion de Bassaev au Daghestan. Le fait est que le leader radical put se replier en Tchétchénie sans encombre malgré les troupes fédérales qui cernaient ses positions.

parler. Nous avions juste vu le président Boris Eltsine le présenter à la télé comme « la solution finale au problème tchétchène ».

En septembre, nous avions assisté impuissants à la multiplication d'attentats à Moscou attribués aussitôt, et sans preuve, aux Tchétchènes[1], nous avions entendu la promesse faite par Vladimir Poutine au peuple russe de « buter les terroristes jusque dans les chiottes ». Nous savions ce que cela voulait dire, chaque Tchétchène étant un terroriste ou un bandit dans le logiciel mental d'un agent du KGB. Une obscure querelle de succession se jouait dans les coulisses du Kremlin et nous allions tôt ou tard en payer le prix. Nous le savions. Comme nous savions que les troupes fédérales s'étaient massées à la frontière. Mais nous ne voulions pas y croire. Pas encore, pas si vite.

Ce 1er octobre 1999, un gouffre s'est ouvert sous nos pieds. Un silence de mort s'est abattu sur la cour de la fac. Pendant quelques secondes, j'ai eu l'impression que le monde s'arrêtait de tourner. Chaque personne revoyait défiler dans sa tête le film de la première guerre.

Des professeurs sont venus annoncer que l'université allait être fermée quelques jours et nous ont demandé de quitter les lieux. Nous sommes restées toutes les trois immobiles et silencieuses. Chacune essayant de cacher

---

1. Fin août et début septembre, trois immeubles d'habitation russes sont détruits par des bombes. Moscou est touché en son cœur. Les autorités incriminent directement les séparatistes tchétchènes qui réfutent en bloc, y compris les radicaux de Bassaev. Aujourd'hui encore, le rôle du FSB (ex-KGB) dans ces attentats, dénoncé par des sources russes indépendantes, reste mystérieux. Quelques jours après les explosions de Moscou, des membres du FSB se sont fait arrêter par la police de la ville de Riazan alors qu'ils posaient une bombe dans un immeuble habité. L'explosif utilisé était le même qu'à Moscou. Cette série d'attentats marque en tout cas le véritable début de la deuxième guerre de Tchétchénie.

son inquiétude aux autres. Zalina plaisanta pour détendre l'atmosphère.
– Radima, laisse-moi ta bague, comme un petit souvenir de toi.
– Oui, oui, je sais qu'elle te plaît, et voilà l'occasion rêvée pour me la voler, hein ? D'accord, je te la prête jusqu'à demain si tu veux.
– Je te donne la mienne et, si on se voit demain, on se les rend... ou dans une semaine, ou dans un mois, ou dans un an. Ou si jamais ils te tuent, je la garderai avec moi, ma chérie.
– Pourquoi c'est moi qui dois mourir dans ton histoire ?
– Bon, les filles, ne restez pas groupées, ce n'est pas le moment de plaisanter.

La chef du département des langues étrangères nous a reconduites vers la sortie. Elle avait raison, le temps n'était plus à la plaisanterie. Nous étions entrées dans ce qu'il convient d'appeler « la deuxième guerre de Tchétchénie ». Elle serait plus longue, plus sale, plus désespérante encore que la première.

La situation me rappelait décembre 1994, quand nous discutions dans la cour de l'école à Orekhovo. Mais cette fois, je n'étais plus insouciante et le mot guerre pesait sur moi de tout son sens.

Roumisa, une amie de Zalina, vint se joindre à nous. Comme elle habitait près de chez moi, nous avons fait la route ensemble. Nous n'avions jamais vraiment parlé avant mais, dans ces derniers instants avant le plongeon en enfer, nous sommes tout de suite devenues proches. Dans le bus, elle m'a proposé d'aller au café Stolichny.
– T'es dingue ? Aller au Stolichny maintenant ?

— Mais oui. On ne sait pas si on aura d'autres occasions d'y retourner. Tu le sais aussi bien que moi.

Le café était presque vide. Nous nous sommes assises à la même table que d'habitude. Nous avons mangé les mêmes gâteaux. J'essayais de savourer et d'enregistrer dans mon cerveau chaque geste, chaque saveur de cette normalité que nous allions perdre. Nous avons parlé de ces trois ans de liberté qui, en prenant fin, se rappelaient à nous délestés de toutes leurs frustrations.

Nous sommes allées jusqu'au marché ensemble. Des femmes rassemblaient leurs marchandises. C'était une fin de journée normale et, pourtant, tout était différent, tout semblait plus lourd, plus définitif. Les avions continuaient à tourner au-dessus de nos têtes. J'ai acheté des mandarines et j'ai dit au revoir à Roumisa – « à demain ! », plus exactement.

Quand je suis arrivée chez moi, mon frère s'occupait de la voiture, ma grand-mère et ma mère remplissaient des sacs de voyage. J'ai joué à la naïve auprès de maman :

— Qu'est-ce que vous faites ?

— Nous partons demain en Ingouchie.

— Mais pourquoi ? Rien n'est sûr encore...

— La dernière fois, on a pensé la même chose. Je n'ai plus la force de craindre à chaque instant pour vos vies. Et je me suis promis de ne plus t'imposer ça. On part demain.

Ma grand-mère interrogeait Dieu à mi-voix en bourrant les valises :

— Mais qu'est-ce que nous avons fait de si horrible pour que Tu nous punisses à tel point, Seigneur ? Il y a tellement de gens qui mériteraient Ta colère et que Tu laisses se vautrer dans la richesse et les plaisirs. Est-on pires que ces gens, Seigneur ?

Le Bienveillant, le Miséricordieux, le Charitable restait silencieux.

Au bout de longues discussions, nous avons tous convaincu ma mère d'attendre un peu, pour voir. Mais la guerre est bien revenue, avec une force, une cruauté et une noirceur nouvelles. Des dizaines de milliers de civils se sont jetés sur les routes qui mènent en Ingouchie.

Après les premiers bombardements sur Grozny, nous avons suivi le mouvement. Heureusement que nous sommes partis car, trois jours plus tard, les colonnes de réfugiés sont devenues les cibles privilégiées de l'aviation russe. Un vieil homme debout devant les cadavres des enfants du village interpella un général russe qui passait à sa hauteur :

– C'est ça les bandits que Poutine t'a dit de tuer ?
– Ce sont de futurs bandits, lui répondit l'officier.

L'armée fédérale, envoyée en Tchétchénie prétendument pour combattre le « terrorisme international », commençait sa grande œuvre civilisatrice en bombardant les civils armés de balluchons. Et en laissant en paix le chef des wahhabites… Nos voisins nous ont raconté qu'environ une semaine après notre départ, l'islamiste jordanien Khattab prit ses quartiers quelque temps dans une grande maison près de chez nous. Certains anciens se sont réunis et ont décidé d'informer les militaires russes de sa présence dans le secteur. Ils détestaient les fédéraux et n'auraient jamais fait cela pour un Tchétchène, mais ce Khattab battait des records d'impopularité. Les militaires ont promis de régler le problème rapidement.

Mais rien ne s'est passé. Sans être inquiété une seconde, Khattab a pu quitter les lieux, libre comme l'air. Deux heures après son départ, les hélicoptères sont arrivés et ont pilonné le quartier.

17.

« Rentrez chez vous ! »

République d'Ingouchie (Russie), octobre 1999

En ce beau jour d'octobre, tout était paisible en Ingouchie. Nous sommes arrivés sans encombre dans la petite ville de Slepsovsk. Nous avons trouvé la maison que nous avait indiquée la sœur de ma grand-mère. C'était chez un lointain parent par alliance, mais il fallait se raccrocher au moindre fil de parenté. Heureusement que les familles tchétchènes sont immenses. Je me demande comment nous aurions survécu si nous avions la même conception de la famille que les Français...

Ces gens nous ont hébergés, simplement, sans rien dire, alors qu'il y avait déjà beaucoup de réfugiés chez eux. Ils ont déplacé un meuble pour installer des matelas au centre de leur salon. Nous ne voulions pas abuser de leur bonté. Aussi ma mère et mon frère se mirent-ils en quête d'un logement. Chaque jour, ils partaient faire le tour de la ville, frappaient à chaque porte pour trouver une chambre à louer. C'était dur car ils avaient parfois l'impression de mendier. C'était du moins l'image que leur renvoyaient certaines personnes.

Un soir, Soultan est revenu furieux de leur tournée et m'a dit : « Nous rentrons demain à Grozny. En tous les cas, moi, je rentre. Chez nous, au moins, personne ne nous traitera de mendiants. » J'ai objecté qu'ici, « au moins », personne ne nous tirait dessus, et je suis allée interroger ma mère pour savoir ce qui s'était passé.

« C'est une femme... Dès qu'elle a appris que nous étions tchétchènes, elle s'est mise à nous insulter : "Ah ! Le grand peuple qui a terrassé l'armée russe. Où est passé votre courage ? Où est votre fierté ? Comme vous l'avez vite abandonnée ! Elle est belle, votre indépendance ! Vous avez ce que vous méritez. Rentrez chez vous !" Ton frère était abattu. Humilié. C'était affreux. Tu te rends compte ? Ce n'était pas une Russe mais une Ingouche qui nous disait cela. Une Ingouche... »

Ne pensez pas que j'en veuille aux Ingouches. Ce sont les Caucasiens les plus proches des Tchétchènes. Dans tous les peuples, à commencer par le nôtre, il y a des salauds. Beaucoup d'Ingouches ont été d'une générosité admirable, à l'instar de leur ancien président, Rouslan Aouchev. Il s'est montré si humain à notre égard qu'il a été démis de force par Poutine. L'Ingouchie a été submergée par des dizaines et des dizaines de milliers de réfugiés tchétchènes. Sans son hospitalité, nous ne serions probablement plus de ce monde aujourd'hui.

Au terme de longues négociations, maman a convaincu Soultan de rester. Après quelques semaines de recherches vaines, nous avons trouvé une famille d'origine tchétchène prête à nous accueillir bien qu'elle hébergeât déjà une dizaine de réfugiés. Cette famille comptait une fille de deux ans mon aînée, Bella, qui est vite devenue mon amie. Elle avait de magnifiques cheveux noirs et des yeux verts éclatants. C'est l'une des plus belles personnes que j'aie croisées dans ma courte vie, tant à l'intérieur qu'à l'extérieur.

Peu de temps après notre arrivée, de nouveaux réfugiés ont frappé à la porte de la maison. Une femme et trois enfants. Nous étions nombreux et la mère de Bella refusa poliment de les accueillir. Quand la femme fut partie, sa fille s'est emportée :
— Tu te rends compte de ce que tu viens de faire ? Tu ne peux pas les laisser partir comme ça !
— Écoute, des gens viennent chaque jour demander un logement, je ne peux pas les prendre tous. Nous sommes déjà une vingtaine ici. Notre maison n'est pas l'arche de Noé !
— Mais elle était toute seule avec ses gosses et toi tu l'as renvoyée ! Tu veux que notre famille ressemble à toutes les autres ?

Elle s'est jetée aux pieds de sa mère et l'a suppliée, les larmes aux yeux.
— S'il te plaît, maman, tu ne peux pas les laisser dans la rue comme des chiens.
— Mais qui sont-ils pour toi ?
— Des êtres humains, maman, des êtres humains. Cela ne te suffit pas ? Si tu veux, je pars et je leur laisse ma place.

Sa mère finit par céder.
— Franchement, je ne sais pas où on va les mettre, mais d'accord...

Bella a couru comme une folle chercher la femme et ses enfants. C'était une sainte, vraiment.

Nous partagions une pièce au premier étage. Il fallut insister pour payer un loyer. Ma mère et mon frère entreprirent de travailler au marché. Moi, je restais avec ma grand-mère. Je me sentais en dehors de la vie. J'avais eu quinze ans au début de la première guerre et, cinq ans plus tard, je fêtais mes vingt ans en exil. Quand tout cela finirait-il ?

Pas de si tôt. Des camps de réfugiés ont été installés en Ingouchie avec l'aide d'ONG étrangères. En Tchétchénie, la situation devenait de plus en plus grave. Le 6 décembre, un ultimatum a enjoint la population de Grozny de quitter la ville avant le 11, sous peine d'être considérée comme terroriste et exterminée. La promesse fut tenue. Ceux qui n'ont pas pu ou voulu fuir, surtout des vieillards, fussent-ils russes, fatigués de quitter leurs maisons, ont été soumis à un déluge de feu incroyable. En progressant, les soldats fédéraux balançaient des grenades dans les caves bondées. Les massacres de civils et les camps de filtration recommençaient. À une échelle encore inégalée.

En ces temps douloureux, Bella était mon ange gardien. Derrière son apparente gaieté, je décelai vite une fêlure. Ses yeux noyaient leur éclat dans un océan de larmes contenues. Bien qu'elle ait toujours vécu en Ingouchie, la première guerre avait laissé une marque horrible dans son cœur. Je fus la première personne à qui elle confia son histoire.

18.

Bella

République d'Ingouchie (Russie), octobre 1999

« J'avais dix-sept ans. C'était en avril 1995. Ramzan est venu me dire qu'il partait en Tchétchénie. Il m'était impossible de l'imaginer en combattant, alors j'ai éclaté de rire. Il avait grandi dans le luxe, adorait le confort, les marques. C'était le chouchou des filles, des profs, des mères et des grand-mères, l'incarnation parfaite du gendre idéal. J'ai vraiment pensé que c'était une blague. Quand j'ai vu son visage se décomposer, j'ai compris à quel point j'avais tort.

Blessé par ma réaction, il s'est tu un long moment et m'a dit : "Je me suis trompé. Tu es encore une enfant, Bella, une véritable enfant…" Je n'oublierai jamais le ton de sa voix, la déception que j'ai lue dans ses yeux. Il était venu me voir, moi et personne d'autre. Il m'aimait. Et j'ai tout gâché. À dix-sept ans, je ne savais pas ce que pouvaient être la mort et la guerre. Je vivais en Ingouchie, pas en Tchétchénie, comme toi. J'étais encore une petite fille, c'est vrai…

Notre histoire n'avait jamais été simple. En fait, il

n'y eut jamais d'histoire au sens strict. Ramzan était le meilleur ami de mon frère aîné. Je le connaissais depuis l'enfance. Chacune de ses visites chez nous suscitait en moi des sensations étranges. J'étais comme droguée. Lui, il m'apportait des bonbons et du chocolat, jouait avec moi tel un grand frère. Toute jeune, ça me plaisait. Mais assez vite, ça m'a plongée dans un désespoir absolu qu'évidemment j'essayais de cacher.

Je n'arrivais pas à comprendre ce qui se passait en moi. Je me vexais à toutes ses blagues, je finis par détester ses bonbons et son chocolat. Lui me disait en riant : "Tu as l'air triste. Si c'est un garçon qui t'embête, j'irai le frapper moi-même puisque ton frère est trop lâche pour le faire !"

Tout le monde commençait à remarquer mon comportement et à en deviner la raison. Tout le monde, sauf lui. Ma belle-sœur est venue me parler. J'avais l'impression que la terre s'écroulait sous mes pieds tellement j'avais honte. Elle m'a rappelé ce que je savais déjà : qu'il était le meilleur ami de mon frère, que selon nos traditions nous n'avions pas le droit de nous aimer, qu'à cause de moi mon frère pouvait se fâcher avec lui. Ce sermon ne fit qu'exalter mes sentiments. J'étais désormais en guerre contre le monde entier.

Peu de temps après, Ramzan est parti en Russie et je ne l'ai pas vu pendant un an. Tout le monde oublia l'histoire. Pas moi. Je l'ai attendu chaque minute. Lorsqu'il rentra enfin, j'ai enfilé ma nouvelle robe, une vraie robe de femme, je me suis postée devant le miroir de ma chambre, au premier étage, et j'ai répété la scène de nos retrouvailles, la démarche à adopter dans l'escalier, les mots à prononcer, l'intonation juste à trouver. J'imaginais ses réactions, ce qu'il répondrait, la façon dont il

baisserait puis lèverait les yeux à ma vue... Je voulais qu'il réalise combien j'étais devenue belle, combien j'avais changé.
– *Marcho voriyla!*
– *Del marshal khuyla*[1].
Lorsque j'ai entendu sa voix dans le salon, j'ai paniqué. J'ai pris mon petit neveu dans les bras parce que je n'avais pas préétabli la position de mes mains et j'ai descendu l'escalier, lentement. Il m'a regardée. Son regard avait changé. Tout se passait comme prévu. Et c'est là que mon neveu a crié :
– Oh ! Bella, comme tes seins ont grandi !
Tout le monde a éclaté de rire. Sauf moi. J'ai lâché le mioche et j'ai couru me cacher dans le jardin pour pleurer. J'étais ridicule.

Ramzan ne se comporta plus jamais de la même façon avec moi. Il devint plus froid. Au début, cela me blessa. Puis je compris à ses regards gênés que je le troublais, qu'il se passait quelque chose en lui, qu'il se débattait entre ses sentiments pour moi et le respect dû à mon frère et à nos traditions. J'avais réussi mon coup. Je fus transportée de joie. Il suffisait d'attendre. Il finirait bien par venir me parler ou même m'enlever. Pourquoi pas ? Un enlèvement romantique dans la plus pure des traditions.

Quand Ramzan est arrivé, ce jour d'avril 1995, je m'attendais, vu son air grave, à ce qu'il me propose de le suivre. Et lui, il ne m'a parlé que de cette foutue guerre... Déboussolée, j'ai ri. Bêtement. Nous ne nous sommes plus

---
1. « Entre libre ! » Pour se saluer, les Tchétchènes ne se souhaitent pas la bienvenue, ou la paix comme en hébreu ou en arabe mais la liberté. On répond au souhait de liberté par : « Que Dieu vous garde libre. »

jamais revus. Il a disparu dans les ténèbres. On m'a d'abord dit que les Russes l'avaient capturé et enfermé dans l'une de leurs bases, puis qu'il avait été tué dans des combats à la frontière du Daghestan. Tout ce que je sais, c'est qu'il n'est jamais sorti de cette nuit. Et qu'il a sombré avec, en tête, mon rire mesquin. »

19.

Au cœur de l'empire

Moscou, Russie, printemps 2000

En mars 2000, je fis mes premiers pas dans Moscou, mégapole impersonnelle, cœur du tout-puissant empire. Ma tante Lara était venue me chercher en Ingouchie et m'avait ramenée dans ses bagages. Tant qu'à vivre en exil, je préférais découvrir ce qu'était une grande ville. Et puis ma tante avait juré qu'elle ne repartirait pas de chez nous sans moi. Elle avait peur que je moisisse dans ma pauvre chambre de Slepsovsk.

Lara habitait dans un quartier populaire. Mes premiers contacts avec les Moscovites ne furent pas formidables. Le lendemain de mon arrivée, je suis sortie pour me rendre à l'épicerie au coin de la rue. Il était six heures du soir. Des femmes bavardaient dans la cour de l'immeuble.

– Ils sont de plus en plus nombreux dans le quartier, ça devient invivable...

– Moi je te le dis clairement : Staline a eu raison de les envoyer au Kazakhstan ! Y avait moins de délinquance à l'époque, sans ces sauvages à Moscou. Staline, ça c'était un homme.

— Bien sûr, c'est juste dommage qu'ils n'aient pas tous crevé là-bas. On aurait la paix aujourd'hui. Mais c'est toujours pareil, ils profitent de notre bonté.

J'avais envie de leur hurler tout ce que je pensais d'elles, éternelles esclaves à la vie minable et grise, de leur ville, étouffante et pourrie jusqu'à la moelle, de leur pays, de leur Staline, de leur Brejnev, de leur Poutine... Je ne le fis pas. Je n'ai d'ailleurs pas cessé de me retenir avec les Moscovites. Je sais que c'est bête mais je sens généralement l'inutilité profonde d'ouvrir un débat avec la plupart des Russes.

La majorité d'entre eux voient les Caucasiens comme des *tchernojopiy*, des « culs noirs » aux cheveux bruns et au grand nez. Bien plus tard, je ne pus m'empêcher de rire dans l'avion qui devait me mener à Washington, lorsque je cochai la case « *Caucasian* » du questionnaire de la douane américaine pour signifier que j'étais blanche. Nous sommes des « culs noirs » en Russie et nous symbolisons la « race blanche » aux États-Unis... Sacré problème identitaire !

Seule, je passais plutôt inaperçue dans les rues de Moscou avec mon teint pâle et mon russe sans accent. Par contre, quand je sortais avec Lolita, une fille très brune, je pouvais être sûre que la journée serait mouvementée. La première fois que nous avons été arrêtées par la milice, c'était près de la station de métro Medvedkovo. Nous aurions dû nous faire enregistrer auparavant auprès des autorités mais il y avait une telle file d'attente que nous avions renoncé. Un milicien s'est approché de nous et a contrôlé nos papiers. « Vous n'êtes pas enregistrées. Suivez-moi ! » Il nous a conduites derrière un immeuble et nous a fait comprendre que nous pouvions nous en sortir sans aller au poste. Je lui ai donné cent roubles, fière de mon tout premier acte de corruption. Il n'y avait pourtant pas de quoi : le soir, ma tante m'a appris que le tarif normal n'était que de cinquante roubles. C'était mon bizutage et je me suis juré de ne plus me faire arnaquer.

Quelques jours plus tard, près de la même station de métro, nous avons eu droit au même chantage. J'ai refusé de payer, arguant que j'avais donné cent roubles l'autre fois au lieu des cinquante ordinaires et qu'ainsi nous étions quittes du moindre centime. Ils nous ont conduites au poste, enfermées dans une cellule collective (appelée par les Russes « cage à singes ») remplie de junkies, d'alcooliques, de prostituées et... de Caucasiens. Un milicien obèse a pris nos passeports.

– Encore des Tchétchènes ! Toujours des Tchétchènes ! Vous vous glissez partout, comme des rats. Vous ne pouvez pas rester chez vous ?

– Votre cher président clame partout que nous sommes citoyens de la Fédération de Russie. Alors je suis autant chez moi à Moscou que toi. Mais, à vrai dire, j'aurais bien aimé rester en Tchétchénie si votre armée n'y était pas.

– Nos pauvres Tchétchènes ! dit-il avec ironie. On les tue et personne ne vient les défendre. Va te plaindre à Washington si tu n'es pas contente ! Ils vont faire quoi, les Américains, si je t'en colle une ? Hein ? Ils vont venir m'arrêter ?

– Arrête, Kolyan ! a lancé un autre milicien, visiblement gêné par la tournure que prenaient les événements.

Mais Kolyan avait encore beaucoup de choses à nous dire.

– Vous êtes trop connes pour comprendre que votre temps est fini, ici, là-bas, dans les montagnes et partout ailleurs. C'est fini, le temps de Boris Eltsine où vous faisiez la loi. Vous comprenez ça ? Vous allez voir. C'est fini, fini. Les Russes, les vrais, sont de retour et ils vont se venger de toutes ces humiliations.

Il devint rouge et se mit à hurler des obscénités sur nous, nos mères, nos frères qui étaient tous des « pédés ». Moi, je me taisais depuis longtemps. Son collègue a fini par le faire sortir de la pièce. Je ne comprends toujours pas comment des gens qui auraient l'âge d'être mon père, comme ce Kolyan, peuvent en vouloir à ce point à des jeunes filles comme nous. Les insultes du milicien reflétaient une certaine forme de panique. De quoi avait-il si peur ? À nous deux, nous ne faisions même pas son poids et nous étions enfermées dans une cage…

Peu après la piteuse sortie de Kolyan, Lolita, qui n'avait pas encore dix-huit ans, fut emmenée dans un endroit spécial pour mineurs délinquants. Moi, je suis restée plantée là deux heures de plus. Jusqu'à ce que quatre miliciens ivres me conduisent en voiture vers une autre destination. Ils balançaient, en éclatant de rire, des conneries du genre : « Pourquoi préférez-vous épouser vos barbus plutôt que de vrais hommes ? », « Tu crois que ton Dieu va te punir si tu bois de la vodka ? »

Parvenus à un autre poste de police, plus grand, mes quatre geôliers m'ont laissée devant une cage à singes pleine de clochards ivres morts et de junkies. Pas une femme et pas un Caucasien à l'horizon pour me défendre. Constatant ma stupeur, les deux policiers de garde ont eu pitié. Le plus jeune a proposé : « Interrogeons-la tout de suite. On va quand même pas la foutre avec eux. » L'autre a acquiescé. J'ai eu de la chance.

L'interrogatoire a commencé bizarrement :

– Ainsi tu détestes tous les Russes…

– Non, je ne déteste pas tous les Russes. Mais je ne

suis pas obligée de les aimer tous non plus. C'est un peu compliqué d'aimer les gens qui te tirent dessus.
— Les soldats font leur travail. C'est la guerre, tu sais...
— C'est vrai ? Il y a la guerre en Tchétchénie ? Merci de m'informer... Je croyais qu'il s'agissait d'une simple opération de police[1].

Je suis d'ordinaire plutôt timide, mais avec les policiers russes, je ne sais pas ce qui se passe dans ma tête, je ne me contrôle plus. Comme si je cherchais à camoufler ma peur, bien réelle, sous le masque de l'insolence.

C'était cette nuit-là un pari un peu osé. J'ai regardé les deux policiers. Ils ont souri. Cela m'a détendue. Je savais qu'il ne m'arriverait rien de grave. Plus tard, les deux flics m'ont même avoué en rigolant que leurs collègues leur avaient annoncé que j'étais une fanatique qui détestait les Russes, au point de prôner leur élimination jusque dans les commissariats.

— Tu vas rester longtemps à Moscou ?
— Non, dès que ça se calmera un peu, je vais rentrer en Tchétchénie.
— C'est vrai ? Qu'est-ce que tu vas faire là-bas ?
— Je vais faire ma vie, reprendre mes études.
— Ah, je comprends. C'est compliqué de vivre en ville pour des gens comme vous. Tu préfères habiter les montagnes ?

---

1. Selon le Kremlin, il n'y a pas de guerre en Tchétchénie. Le conflit ouvert en 1999 est généralement défini comme une « opération antiterroriste », voire comme une « opération de police » ou une « opération de maintien de l'ordre ». Les médias russes, mis au pas par Poutine depuis son arrivée au pouvoir, reprennent le plus souvent cette phraséologie, contrairement à ce qui se passait sous la présidence de Boris Eltsine lors de la première guerre entre 1994 et 1996.

Ce n'était pas une blague. Il croyait sincèrement que nous habitions tous dans des montagnes.

– Vous savez, en Tchétchénie, il n'y a pas que des montagnes. Moi j'habite à Grozny, par exemple.

– Comment ça ? Grozny, c'est pas dans les montagnes ?

– Non, c'est au milieu d'une plaine. Et c'était une très belle ville avant la guerre.

L'interrogatoire s'est transformé en leçon de géographie et d'histoire. Au bout d'une heure, le plus jeune des deux n'avait toujours pas dit un mot. Il a attendu que son collègue sorte pour m'adresser la parole.

– Tu sais, j'étais en Tchétchénie lors de la première guerre...

Je n'ai rien répondu. Il m'a regardée en silence. Il avait dit cela en espérant créer une connivence entre nous. Il n'imaginait pas que, à mes yeux, cela pouvait être un mauvais point d'avoir été soldat en Tchétchénie.

– Ici, ils ne comprennent rien, a-t-il poursuivi, ils ne connaissent rien, ils ne savent pas ce que veut dire la guerre. Nous, nous pouvons comprendre. Toi et moi, nous avons vécu cela. Pas eux.

Je ne savais pas quoi dire. Je n'éprouvais aucune haine envers lui, loin de là, mais je n'avais pas non plus envie de parler de la guerre avec un ancien soldat russe. Il a continué.

– Mon cousin était avec moi et il est mort là-bas. Nous étions des appelés. Nous ne savions pas où nous allions avant d'arriver dans le Caucase. On nous a fait monter dans un train et on s'est retrouvés à Mozdok. Puis des camions nous ont transportés à Grozny. Mon cousin avait vingt ans. Il s'en foutait de la politique. Sa seule passion dans la vie, c'était le foot. Il disait qu'il voulait voir Manchester avant de mourir. C'était un fan d'Éric Cantona et de United. J'aimerais y aller un jour pour lui.

Je ne savais toujours pas quoi répondre. Je sentais qu'il avait vraiment besoin de parler avec quelqu'un qui « connaissait », qui avait « vécu », qui allait « comprendre ». Il voulait que j'arrête de le voir comme « un Russe », que je me rende compte qu'il était différent. Sa solitude me faisait pitié, mais je refusai de faire l'effort de lui parler. Je me suis contentée d'un faible : « Désolée pour ton cousin. »

L'autre est revenu. Ils m'ont demandé de payer huit roubles (le tarif légal !) et m'ont dit que j'étais « libre ». Le plus jeune m'a raccompagnée à la porte.

– Bon séjour à Moscou, Milana.
– Merci...

Il se retournait pour me laisser partir, lorsque je lui demandai :

– Hé, comment tu t'appelles ?
– Micha.
– Et ton cousin, comment il s'appelait ?
– Vitya, il s'appelait Vitya.
– Que Dieu ait son âme. Au revoir, Micha.
– Au revoir. Et bonne chance !

Université de Grozny, septembre 2002. Rouverte en 2000, elle accueille un millier d'étudiants malgré les arrestations dans les bus et les assassinats.

Milana dans sa cuisine, Grozny, octobre 2002. Elle propose de faire un thé. Plusieurs fois par jour, elle remplit des bidons d'eau à la fontaine située dans la cour de l'immeuble.

Milana endormie, Grozny, octobre 2002. Elle a laissé les lits à ses amies et dort sur le sol du salon, un walkman à portée de main. Aux fenêtres, une pellicule de plastique remplace les vitres. Il n'y a pas de chauffage.

La porte entrouverte, Grozny, octobre 2002. Anissa, la copine de Milana, a ouvert le portail afin d'observer le passage d'une colonne de soldats russes. Elle s'assure qu'ils n'ont pas l'intention de fouiller la maison.

Milana chez elle, Grozny, octobre 2002. En l'absence de sa mère, partie à Moscou chercher des marchandises à vendre sur le marché, Milana essaie de ne pas rester seule. Elle a préparé un dîner pour Anissa.

Quartier de l'université, septembre 2002. Un bus de ramassage scolaire attend la sortie des étudiants.

Rue de Grozny, septembre 2002. Un convoi militaire croise un bus. Soldats russes et étudiants se défient du regard.

Maternité n° 1 de Grozny, septembre 2002. La salle d'attente pour les consultations en gynécologie. Le stress entraîne un nombre considérable de fausses couches et de complications prénatales.

Maternité n° 1 de Grozny, septembre 1999. La salle d'accouchement. La maternité est une cible de choix pour l'artillerie russe.

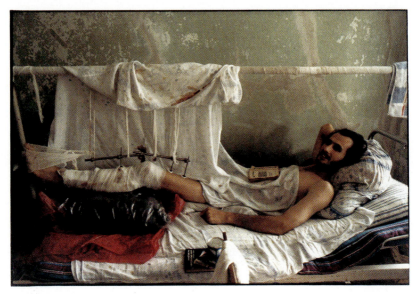

Hôpital central de Grozny, septembre 2002. Chaque jour, la broche posée sur le tibia de ce combattant s'infecte davantage. Le chirurgien a préconisé l'amputation. Mais lui refuse et garde espoir.

Marché couvert de Grozny, septembre 2002. Les étals de bois et les bâches en plastique tapissent le sol boueux.

Marché de Grozny, septembre 2002. Les immeubles du centre-ville ont été dévastés par les bombardements.

Vallée de Pankisi, septembre 1999. Régulièrement, il faut fuir dans les républiques voisines pour échapper aux bombardements. Cachée dans un camion que les combattants utilisent pour le transport d'armes, cette jeune mère espère se réfugier en Géorgie.

Toutes les photos : © Françoise Spiekermeier, septembre 2003.

Grozny, 4 septembre 2002. Zalina, 10 ans, se tient à l'endroit où son père, milicien, a été assassiné par un commando du GRU – service de renseignements militaires russe – qui a investi sa maison dans la nuit du 28 août à coup de grenades et de rafales de kalachnikov.

20.

Sur la notion de chance à Grozny

Grozny, Tchétchénie, septembre 2000

Dans tes yeux noirs se mire l'absence du monde
À vingt et un printemps, tes doigts de fée sèment la mort.
Maquillée de sang et de boue, tu regardes le ciel muet
Du haut de ta jeunesse volée
Beauté brisée de cette guerre
Qui voit mourir avant de naître
Les enfants solitaires du non-être.

Dédiés « à la jeune sniper de dix-sept ans », ces vers étaient écrits dans un petit cahier bleu que j'ai trouvé par terre en déblayant notre nouvel appartement à Grozny. Des boeviki avaient vécu là pendant l'hiver. J'imagine que l'un d'eux a noirci ces pages, entre deux attaques, avant de disparaître en toute hâte, oubliant son cahier, miroir fragmenté de cette guerre.

J'étais de retour dans ma pauvre Grozny. Au début du mois de septembre 2000, ma mère m'avait appelée à Moscou pour m'annoncer qu'ils allaient rentrer au pays et j'avais sauté dans le train pour les rejoindre via l'Ingouchie.

Tout valait mieux que Moscou ! Notre ancienne maison ayant été rasée, nous habitions dans l'appartement inoccupé et à moitié détruit de ma tante Lara. Mon frère et ma grand-mère avaient préféré partir pour Orekhovo. Moi, je voulais reprendre mes études à Grozny, à tout prix.

Pendant une semaine, nous avons travaillé jour et nuit pour rendre vivable notre nouveau « palais ». Nous avons bouché les murs extérieurs pour que le vent ne pénètre pas, mis du plastique aux fenêtres (le verre coûte cher et se brise à chaque explosion), acheté un four en guise de chauffage. Seul le toit nous a résisté et chaque averse transformait nos chambres en piscines.

Heureusement, cinq jeunes garçons du pâté de maisons avaient décidé de transformer notre immeuble en hôtel de luxe. La première mission qui leur fut assignée : rétablir l'électricité dans le bloc. L'Administration prorusse trônait à deux pas. Les cinq génies collectèrent de l'argent pour acheter des câbles et soudoyer les gardiens du très officiel bâtiment. Au bout de deux jours, nous avions de l'électricité, aux frais du tsar qui plus est. La lumière faiblarde papillonnait, mais c'était mieux que de faire ses devoirs à la bougie.

Deuxième mission : l'eau. Les garçons ont acheté une vieille *zaparojitsa*, voiture-dinosaure de l'époque soviétique, récupéré puis réparé son moteur qu'ils installèrent ensuite dans la cave où passait une source. Je n'ai toujours pas compris comment elle arrivait là. En tout cas, grâce à un long boyau, on pouvait recevoir de l'eau chez soi chacun son tour. Ça ne marchait pas tout le temps mais ça avait au moins le mérite de déclencher des éclats de rire quotidiens. Nous avions parfaitement conscience de notre « chance ». Je crois que, paradoxalement, c'est pendant la

guerre qu'on a le plus répété cette phrase : « Nous avons de la chance. »
 La chance est une notion toute relative. À Grozny, la chance est d'abord celle de rester en vie, de rentrer chez soi après une journée d'études ou de travail et de retrouver autour de la table, au dîner, le même nombre de personnes qu'au petit déjeuner, de se réveiller le matin ailleurs qu'en prison ou au paradis. Une infinité de nuances, jusqu'au fond de l'enfer, distinguent les « chouchous du destin » des autres.
 Deni, mon voisin du deuxième étage, se rasait tous les soirs à la fenêtre. Une fois, il s'est penché pour ramasser sa serviette et la balle d'un sniper est passée juste au-dessus de lui. Il a clairement eu de la chance. Roumisa, ma voisine de palier, est sortie sur le balcon étendre les vêtements de ses enfants et, elle, elle n'a pas évité la balle du sniper. Elle n'a pas eu de chance à cet instant. Mais elle a eu la chance que ce même Deni soit médecin et qu'il puisse lui sauver la vie. Shama, qui habitait au troisième étage, n'a pas eu cette chance. Il a été touché au thorax par le tir d'un soldat et il est mort dans les bras de Deni qui ne disposait ni du bon matériel ni des médicaments nécessaires.
 Une nuit, je travaillais très tard, seule dans l'appartement. Tout d'un coup, j'entendis des bruits dans l'immeuble voisin. Des soldats défonçaient une porte. Il y eut des tirs, des cris et les soldats repartirent avec trois garçons et une jeune fille. Sans passer par chez nous. Les gens de mon immeuble ont eu de la chance, les voisins non. Les trois garçons, envoyés dans un camp de filtration, furent rachetés par leurs familles. La fille n'était pas à vendre. Elle a disparu pour toujours dans les mains de ces monstres. On dira que les garçons ce jour-là ont eu plus de chance que la fille. Mais qui osera dire que qui-

conque passant par les camps de filtration russes ait bénéficié de la moindre chance ? S'il y a une limite au relativisme, elle se trouve quelque part entre Tchernokosovo et Khankala[1].

---

1. Tchernokosovo et Khankala sont des villages connus pour leurs célèbres « camps de filtration », lieux de détention où l'armée russe prétend filtrer, trier, sélectionner les personnes arrêtées lors des rafles. En réalité, ces camps sont des lieux de torture où les détenus meurent en masse et où les soldats russes se livrent aux trafics les plus variés, revendant les prisonniers, leurs cadavres ou parfois même leurs organes.

21.

Les camps de filtration

> « *C'est un peuple parasite. Vous savez comment faire avec les parasites.* »
> *Général Makarov*[1].

Alkhan Yourt, Tchétchénie, printemps 2000

Tout est calme dans le village d'Alkhan Yourt. Les explosions au loin et le chant des oiseaux rompent à peine le silence de l'aube. On aperçoit encore les dernières étoiles de la nuit, la lune croise le soleil qui vient prendre sa place.

Soudain, un vacarme incroyable réveille les habitants. Les chars, les véhicules blindés de transport de troupes et les camions de l'armée fédérale déboulent dans Alkhan Yourt. Des dizaines et des dizaines de soldats courent partout en hurlant, encerclent les maisons, défoncent les portes à coups de crosses. C'est une « opération de nettoyage[2] ».

---

1. Commandant des forces fédérales dans la région du Caucase du Nord lors de la deuxième guerre de Tchétchénie.
2. En russe, *zatchitska* : rafle, opération de nettoyage. Des forces impression-

Les villageois se posent tous les mêmes questions : qui sera désigné « terroriste » pour remplir les quotas d'un empire en pleine régression stalinienne ? Qui aura la chance de rester chez soi ? Combien disparaîtront aujourd'hui ?

À Alkhan Yourt, en cette fraîche matinée d'avril, parmi les perdants de la grande loterie antiterroriste, il y eut mon ami Musa, vingt-quatre ans. Ses cicatrices de blessures datant de 1995 eurent valeur de preuves : il fut classé d'emblée parmi les disciples de Ben Laden. Avec d'autres garçons, on l'expédia dans le fameux camp de Tchernokosovo. Bien plus tard, à Paris, j'ai croisé à nouveau Musa. Il a accepté de me parler de son « séjour » dans l'enfer des camps de filtration :

« À Tchernokosovo, ils ont lâché des chiens enragés dans le camion puis nous ont sortis à coups de crosses. Après, nous sommes tous passés par le "couloir". C'est un rituel russe : les soldats forment deux rangées, se munissent de matraques et nous font défiler au milieu. Les coups n'arrêtent pas de pleuvoir. Une minute dure une éternité. Tu veux protéger ta tête avec tes mains. Mais ça ne marche pas. Un soldat frappe ton ventre. Machinalement, tu baisses les bras pour protéger ton ventre. Alors le suivant t'assène un coup sur la tête. Puis dans les reins, le ventre, le dos, la tête, le ventre et ainsi de suite... C'est dans ce couloir que tout se décide. Si tu tombes, tu meurs sous les coups. C'est ça leur "filtra-

---

nantes quadrillent un quartier ou un village, font sortir les habitants, sélectionnent des « ennemis » potentiels, pillent les maisons ou les appartements, tuent les récalcitrants. Les soldats quittent ensuite les lieux, emportant avec eux leur butin et destinant leurs prisonniers aux camps de filtration.

Les camps de filtration | 115

tion", leur sélection. La seule chose que j'avais en tête, c'était d'arriver au bout, de ne pas m'écrouler.

Quand tu as la chance de t'en sortir, tu crois que le plus dur est passé. Mais c'est juste un échauffement. Ils m'ont jeté dans une cellule avec quatre autres types. Je crois qu'ils étaient plus jeunes que moi, mais je ne peux pas le certifier car ils n'avaient plus assez de force pour parler. Ils étaient dans un état mille fois pire que le mien. Des râles s'échappaient de temps à autre de leur bouche, mais, le plus effrayant, c'était leur silence constant, lourd. L'un d'eux avait déjà la mort dans les yeux. Un regard vitreux, absent.

Chaque jour, des soldats venaient piocher l'un d'entre nous pour la séance de torture habituelle. Ils ouvraient la porte, attendaient deux ou trois minutes en nous scrutant à tour de rôle. Je n'oublierai jamais le sourire des soldats. C'est peut-être le pire moment, car tu te rends compte à quel point tu souhaites que ton voisin, qui peut-être n'y survivra pas, soit choisi à ta place. Quand il part, une honte terrible succède aussitôt au soulagement égoïste.

Des cris atroces parviennent dans la cellule. Tu te recroquevilles, tu te bouches les oreilles. Mais ça ne marche pas. Ces hurlements transperceraient n'importe quel mur pour venir s'imprimer dans ton crâne. Je ne pourrai jamais expliquer à quoi ils ressemblent. Il faut les entendre de ses propres oreilles. Les gardiens violaient des filles, mais aussi des hommes qui n'avaient même plus la force de hurler. On entendait des sanglots très faibles, des râles étouffés. Je priais Dieu pour éviter ça. J'étais prêt à accepter tous les coups, mais pas ça.

Quand tu es désigné, tu ne sais pas à quoi t'attendre. Ils adorent ménager le suspens, multiplient les « surprises ». La première fois, je fus torturé à l'électricité. La deuxième, ils ont passé une broche à travers mes mains. La troisième, ils m'ont limé les dents. La quatrième, ils m'ont écrasé des cigarettes sur tout le corps. Après je n'ai plus compté, ils m'ont cassé les doigts et les côtes, ils m'ont attaché les bras dans le dos et m'ont suspendu au plafond par les menottes...

Ils ne nous donnaient qu'un petit bout de pain de temps en temps pour que l'on ne meure pas de faim. Au bout d'un mois environ, j'ai perdu tout espoir de sortir, j'étais sûr qu'ils finiraient par me tuer. Et puis, un jour, ils sont entrés dans la cellule et m'ont choisi sans hésiter une seconde. C'était bizarre. J'ai cru que c'était la fin, qu'on allait m'achever. Je ne ressentais aucune peur. J'étais devenu indifférent à tout, résigné.

Mais au lieu de me fusiller, ils m'ont flanqué dans un VAB[1] et on a roulé une bonne heure. Je n'avais pas la force de me demander où ils m'emmenaient. J'étais devenu une sorte de mollusque ballotté par le destin. Quand le véhicule s'est arrêté, j'ai compris. Des amis combattants attendaient devant une voiture. Je connaissais ces gars depuis la première guerre. À leurs côtés, un officier russe en uniforme, les mains liées derrière le dos, souriait bêtement. On m'échangeait. »

Tchernokosovo n'est pas le seul camp de filtration. Il y en a des dizaines en Tchétchénie. Ceux de Khankala, de Tolstoï Yourt, d'Urus-Martan et de Tangui-Tchu sont très connus. Il en existe d'autres plus obscurs. Par ailleurs, chaque base militaire a ses « trous », les fameux *zindanes*, où l'on jette pêle-mêle morts et vivants.

Un de mes cousins, Ilyas, est passé par l'un de ces

---

1. Voiture à l'avant blindé.

trous. Il fut arrêté avec quatre de ses amis pour être sorti après le couvre-feu de dix-neuf heures. Les soldats leur ont perfusé de l'essence dans les veines. Ses quatre amis sont morts. Il survécut grâce à un soldat qui, tombant par hasard sur ses papiers, découvrit qu'il était né en Russie dans la même ville que lui et réussit à convaincre ses collègues de le vendre à notre famille.

Il avait vingt-deux ans, jouait au foot et adorait la lutte gréco-romaine. Aujourd'hui, c'est un invalide. Mais sa mère était si heureuse de le revoir qu'elle répétait des heures durant : « C'est un miracle, un miracle ! Quelle chance ! Quelle chance !... »

La vente des détenus est un commerce florissant en Tchétchénie. Si la famille n'arrive pas à récolter en temps et en heure l'argent demandé par les soldats russes, elle peut toujours racheter le cadavre. C'est moins cher et ça donne plus de temps pour rassembler les fonds. Depuis peu, ce trafic n'est plus le monopole de l'armée fédérale. Les milices tchétchènes prorusses de Ramzan Kadyrov[1] sont devenues expertes en la matière. Voilà sans doute ce que Vladimir Poutine appelle la « tchétchénisation du conflit ».

---

1. Ramzan Kadyrov est le fils d'Akhmad Kadyrov, un mufti anciennement indépendantiste qui se rallia à Moscou et fut proclamé président de la République de Tchétchénie par Vladimir Poutine. Akhmad Kadyrov fut tué dans un attentat à la bombe le 9 mai 2004. Son fils Ramzan lui a succédé. Nommé Premier ministre, il est aujourd'hui le véritable chef de la Tchétchénie occupée. Il possède ses propres milices, les *kadirovski*, qui opèrent aux côtés des troupes fédérales et sont accusées d'innombrables crimes par la population civile et les organisations de défense des droits de l'homme.

22.

La légende vraie de Salaoudi

Un village près de Grozny, date inconnue

Salaoudi avait vingt-six ans, il habitait un village près de Grozny. Un soir, il sortit de chez lui pour se rendre chez un ami. Sur la route il croisa des *kadirovski* qui le connaissaient et supportaient mal sa relative richesse et sa fière allure. Ils l'ont provoqué. Salaoudi a frappé l'un d'entre eux. Il fut conduit illico à Khankala et livré aux Russes. Les miliciens déclarèrent l'avoir arrêté alors qu'il posait une mine sur la route.

Khankala est un lieu dont on ne sort pas, même les pieds devant. On y finit démembré ou explosé à la grenade. Salaoudi eut droit à toutes les tortures que nous avons évoquées à propos de Tchernokosovo et à d'autres encore. Au bout de trois semaines, transformé en loque humaine, allongé par terre dans sa cellule, il entend une voix derrière la porte de son cachot : « Liquide-moi ce fils de chien ! »

Un soldat entre et s'approche. Salaoudi saute sur lui et le tue. Il enfile son uniforme, s'empare de son arme et parvient à quitter miraculeusement la base, devenant ainsi la première personne à s'évader de Khankala. À bout de force, il s'évanouit sur le bord de la route, en pleine campagne. Un paysan le trouve, voit qu'il s'agit d'un Tchétchène et le cache chez lui. Sa famille est prévenue. Elle engage alors des négociations avec des membres du FSB[1] qui, contre une rançon faramineuse, annulent les poursuites. Salaoudi est sauvé. L'évadé de Khankala devient une légende vivante dans son village.

Mais il est écrit qu'on ne sort jamais de Khankala. Salaoudi ne revint pas vraiment parmi les vivants. Il se drogua, insulta ses proches, vola tout le monde pour acheter ses doses. Six mois après son exploit retentissant, il eut une dispute avec son frère cadet qui le poussa par mégarde du haut d'un escalier. L'homme qui s'était évadé de Khankala finit tué involontairement par son propre frère.

La mère ne supporta pas le choc et s'éteignit deux semaines plus tard. Son frère finit par se droguer à son tour. Il habite toujours en Tchétchénie, dans ce même village, près de Grozny, en compagnie des miliciens qui livrèrent Salaoudi.

---

1. FSB : service secret russe. Appelé KGB au temps de l'URSS.

23.

Une journée au village

Orekhovo, Tchétchénie, octobre 2000

À la fin du mois d'octobre 2000, je suis partie à Orekhovo le temps d'un week-end pour voir mon frère et ma grand-mère. Le soleil éclairait encore les montagnes et les forêts. L'hiver s'annonçait doucement, laissant la nature dans un entre-deux mélancolique.

J'ai rejoint ma grand-mère dans la cuisine. Elle préparait pour Soultan qui n'était pas encore rentré de son bureau du *gigig galnish*, plat traditionnel tchétchène qui ressemble un peu aux gnocchis. Mon frère travaille comme écononome ou agronome au service de la communauté villageoise. Il comptabilise les besoins, les récoltes, les gains et les dépenses des paysans regroupés dans une sorte de coopérative semi-étatique héritée de l'époque soviétique. Les agriculteurs continuent aujourd'hui à cultiver des champs appartenant au gouvernement, perpétuant ainsi le système désuet du kolkhoze. Avec la désorganisation totale de l'État et des communications due à la guerre, ce système devint complètement aberrant. Il n'y avait plus ni moyen technique ni salaire. Tout le monde se remit au troc.

Soultan était rétribué en épis de blé qu'il essayait ensuite de revendre. C'était peu pour un garçon qui avait réussi ses études à l'Institut du pétrole de Grozny. Mais il ne voulait sous aucun prétexte travailler à Grozny, où il savait qu'il aurait à participer au système de corruption instauré par l'occupant ou, pire, à travailler d'une façon ou d'une autre pour l'Administration que les Russes mettaient en place.

Il ressemblait de plus en plus à notre père, surtout avec les cheveux blancs qui commençaient à apparaître dans sa tignasse brune. Notre grand-mère ne l'en aimait que plus et elle se donnait un mal fou pour lui préparer des festins chaque jour que Dieu faisait. Je me moquais de son air appliqué : « On dirait que tu attends le président en personne à ta table… »

À cet instant, on a entendu un bruit sourd venant de la route. Une colonne de chars traversait Orekhovo. Ma grand-mère, comme toujours, a murmuré une prière. Soudain, elle s'est mise à trembler de tout son corps. Ses yeux étaient tombés sur le passeport de Soultan, négligemment laissé sur la table. Si les soldats le contrôlaient, c'en était fini pour lui… Elle s'est emparée du passeport et a couru dehors.

La colonne s'était arrêtée et commençait à vérifier l'identité des habitants. Ma grand-mère s'adressa à un officier pour lui demander la permission d'apporter le précieux document à son petit-fils. Le commandant la rassura, lui garantissant qu'il ne s'agissait aucunement d'une zatchitska mais d'un simple contrôle de routine.

Pendant ce temps, des soldats pénétrèrent dans notre

cour et commencèrent à tourner autour de la voiture de mon frère en me regardant d'un air menaçant.

— Où sont les papiers de la voiture ?
— Je ne sais pas, c'est la voiture de mon frère, je vais les chercher dans la maison.

Je n'arrivais pas à les trouver. Peut-être mon frère les avait-il pris.

— Il est où, ton frère ?
— Il est au travail, mais je peux aller le chercher.
— Personne ne sort d'ici et, si on ne trouve pas les papiers, on prend la voiture.
— Comment allez-vous faire ? Je n'ai pas les clés.

Le soldat sourit.

— Pas besoin de clés, nous avons des tanks.

Ma grand-mère revint juste à temps pour accompagner les autres militaires qui commencèrent la fouille de la maison.

Un soldat décida de retourner inspecter la cave, ce qui venait juste d'être fait. Il y traîna un bon bout de temps. Ma grand-mère descendit le voir. J'ai entendu qu'elle interpellait le soldat dans son russe hésitant :

— Pourquoi tu revenir ici ? Tu déjà une fois regarder ici.

— Une fois regarder, deux fois regarder et si je veux trois fois regarder ! Autant de fois que je veux, la vieille, c'est clair ?

— Une fois regarde, mille fois regarde, même passe ta vie dans la cave... Tu ne trouveras rien. Mais si tu es retourné pour la confiture que tu cacher dans ta veste, tu pouvais juste le demander, pas la peine voler.

Ma grand-mère quitta la cave, très fière d'elle. Le soldat la suivit, le pot de confiture dans les mains.

Deux soldats se parlaient à voix haute dans le potager :

— Vitek, tu crois que ces pommes de terre nous suffiront pour l'hiver ?

— Bien sûr, même pour l'hiver prochain.

— Arrête de déconner, elles vont pourrir avant !

Ils voulaient nous montrer qu'ils pouvaient faire ce qu'ils voulaient, qu'ils étaient chez eux partout. C'était ridicule.

Mon frère arriva. Toute leur attention se porta désormais sur lui. Ma grand-mère perdait de sa superbe. Elle avait peur que Soultan ne réponde aux provocations, alors qu'il ne s'agissait pas de vrais « méchants ». Ils étaient de toute évidence venus nous impressionner, pas nous tuer. Ils plaisantaient même entre eux, disant qu'il n'y avait rien à prendre dans ce « village de merde », que les gens ici étaient trop pauvres et que seuls les *kontratniki*[1] étaient assez sadiques pour enlever de tels culs-terreux.

Soultan me fit signe de rentrer dans la maison. J'ai obéi et j'ai commencé à faire la vaisselle tout en observant attentivement la scène par la fenêtre. Les trois soldats, très intéressés par la voiture, l'ennuyaient de plus en plus.

— Vous avez fouillé toute la maison, contrôlé tous les papiers. Qu'est-ce que vous voulez encore ? dit Soultan nerveusement.

— Mais on s'en fout de tes papiers. En plus comment tu parles ! Tu sais que l'on peut prendre ta voiture. Alors reste calme, OK ?

Un soldat s'approcha de moi. Il mangeait des ceri-

---

1. Les mercenaires, venus en Tchétchénie sous contrat. Ils se conduisent souvent de manière beaucoup plus violente que les appelés et sont bien plus craints par la population civile.

ses et recrachait les noyaux sur le sol de la cuisine que je venais de nettoyer.

— Combien elle vaut à ton avis, Sacha ? gueula-t-il en direction de son camarade resté sur le pas de la porte.

J'avais l'impression que la terre s'ouvrait sous mes pieds. Cette provocation était clairement destinée à mon frère. Je priai pour qu'il n'ait pas entendu.

— Mais tu sais, tu ne peux pas te marier avec elle, c'est une TCHÉTCHÈNE ! Tu sais, une Tché-tchè-ne !

— Ah oui, j'ai oublié qu'ils se marient toujours entre eux. Mais je peux peut-être l'acheter. Alors combien elle vaut à ton avis ? Regarde comme elle est bien foutue. Mille dollars ?

— Mais non ! Elle est un peu trop maigre pour mille dollars !

Je continuais à laver et relaver les mêmes assiettes. Je répétais dans ma tête : « Mon Dieu, faites juste que mon frère n'entende pas. »

Il était à l'autre bout de la cour mais il jetait des regards de plus en plus insistants dans notre direction, obnubilé par les deux soldats qui m'entouraient désormais. Soudain, il laissa sur place les types qui le questionnaient et marcha vers nous d'un pas décidé.

— Qu'est-ce qu'il y a ? Pourquoi vous jetez ces saletés par terre ? Vous ne voyez pas que c'est propre ? Vous avez fini avec nos papiers, alors partez !

Mes jambes tremblaient, je voyais déjà mon frère étendu par terre. Le commandant, qui avait parlé gentiment à ma grand-mère, apparut à la porte et cria :

— Vous n'avez pas autre chose à faire que de taper la discute avec des paysans ?!

— Allez ouste, On y va !

Ils sont partis.

24.

L'ordinaire de Grozny

Grozny, Tchétchénie, octobre 2000

À la fin de ce week-end, après mon retour d'Orekhovo, je me retrouvai seule dans l'appartement de Grozny, aux murs vert-gris encore à demi détruits, juste éclairé par deux ampoules, une dans le salon, l'autre dans la cuisine. Ma mère était à Moscou pour son travail. J'aimais être seule, je rêvais mieux. J'abandonnais mes devoirs pour me plonger dans la lecture de romans et de poèmes. J'étais dans mon univers, dessinant d'étranges formes que je collais ensuite ur le papier peint de ma chambre.

Ma mère détestait mes dessins. C'est vrai qu'ils tournaient souvent autour de la mort, figure que je ne me lassais pas de représenter. Quand elle revenait à Grozny, elle profitait de la moindre de mes absences pour les arracher des murs. C'est pour cela que je goûtais la solitude. Je n'avais pas à me retenir et laissais libre cours à mes envies, fussent-elles mortifères. Je pouvais retirer ce masque que nous adoptions toutes deux pour ne pas sombrer dans le désespoir. Les Tchétchènes sont très forts pour prendre sur eux, faire comme si tout allait bien. Mais cette comédie, utile, est parfois pesante.

Ma mère devait s'absenter une semaine pour aller à Moscou. Comme d'habitude : deux jours pour s'y rendre, trois jours sur place, deux jours pour rentrer. Elle achetait là-bas des vêtements pour les vendre sur le marché à Grozny. Elle avait commencé cela juste avant la mort de mon père. Fatiguée d'attendre son retour du Kazakhstan, elle avait monté sa propre affaire et était partie seule pour la Chine, fière de gagner son indépendance.

Ses collègues commerçantes prenaient comme elle de grands risques pour approvisionner la ville en nourriture, en vêtements, en matériel ménager... Ce sont toujours des femmes qui font ces voyages et ce travail exténuants, parce que c'est moins dangereux pour elles de multiplier les allers-retours, tant à l'intérieur qu'à l'extérieur de la Tchétchénie. Mais il est une autre raison, sans doute. Les hommes auraient pu les aider au marché. Or, on en voyait très peu. Ce n'était pas considéré comme un « boulot de mec » probablement. Les femmes devaient donc porter elles-mêmes d'immenses sacs, quand souvent les maris attendaient à la maison.

Maman se tuait à la tâche pour que l'absence de notre père ne se fasse jamais sentir, du moins financièrement. Elle tenait plus que tout à ce que je suive des études l'esprit libéré des contraintes matérielles (ce qui relevait de l'impossible, vu la guerre). Elle me disait toujours : « Toute femme qui se respecte doit obtenir des diplômes, se cultiver, pour se sentir libre, ne jamais dépendre de son mari. Si tu montres aux hommes que tu peux te passer d'eux, ils se jettent à tes pieds. »

J'allais souvent la voir à son étal. Dès qu'elle m'apercevait, un sourire immense éclairait son visage. Je lui res-

L'ordinaire de Grozny | 129

semble beaucoup, sauf que je n'ai pas un sourire aussi tendre, ni un regard aussi triste.

J'étais impressionnée par les vendeurs de devises. Au milieu des ruines, dans la misère la plus totale, une Bourse en miniature, totalement illégale, s'était constituée. Au début de la guerre, les gens se ruaient littéralement sur les dollars. Puis l'euro est devenu à la mode, après la dépréciation de la monnaie américaine. Les garçons étaient fascinés par le jeu sur les devises. Et moi je restais stupéfaite devant la débrouillardise des Tchétchènes.

Dans les ruines de Grozny, tout est bon pour ouvrir un mini-business et dépasser le stade de la pure survie. Certains se spécialisent dans la récupération des briques et des pierres des maisons détruites qu'ils ramassent, nettoient et revendent. D'autres désossent les voitures, les bus et même les chars calcinés. D'autres encore récupèrent de l'aluminium dans les câbles électriques désormais inutiles. Mais ceux qui puisent artisanalement du pétrole en pleine ville sont les plus fascinants pour moi.

Le sous-sol du pays regorge d'or noir. Pour gagner quelques roubles, des hommes creusent des puits profonds et descendent sous terre avec un seau, attachés par une corde nouée autour de la taille, reliés à l'air pur par un simple tuyau de caoutchouc dans lequel ils respirent le temps de leur plongée. Ce tuyau est vital pour eux. Au moindre nœud, au moindre trou, ils aspirent des gaz mortels.

Une fois le pétrole récupéré, les « foreurs » le vendent à d'autres hommes, les « raffineurs », ceux qui ont construit de mini-raffineries dans leur arrière-cour. Puis ces raffineurs vendent leur production à de pauvres hères que l'on retrouve un peu partout sur les routes défoncées de ma

Tchétchénie, proposant de l'essence bon marché dans des bouteilles en plastique ou des bocaux. Ce sont les stations-service locales.

Cette chaîne pétrolière m'a longtemps émue, jusqu'au jour où j'ai compris qu'il ne s'agissait que de la partie émergée de l'iceberg. Les foreurs, raffineurs ou autres vendeurs artisanaux sont les petits poissons d'un business pétrolier dirigé par les *akouli* (les requins) de la République. Ces mafieux locaux, ralliés aux Russes, contrôlent de grands forages et des raffineries clandestines, une industrie de transformation underground qui irrigue tout le Caucase en carburant, huile, et autres produits dérivés. Des colonnes entières de camions quittent la Tchétchénie en toute illégalité. Ces camions passent les check-points de l'armée fédérale sans encombre, car tout le monde se sucre au passage, les akouli tchétchènes comme les généraux russes. Il y en a pour qui la guerre est une aubaine.

25.

L'université

Grozny, Tchétchénie, 20 décembre 2000

Grozny, un jour comme les autres. Un convoi russe vient d'être accroché par des combattants tchétchènes. Il faut se venger. Sur quoi ? Sur qui ? L'armée décide de bombarder la faculté d'économie et l'école qui la jouxte. Trois cadavres d'étudiants sont transportés à la faculté de médecine pour que leurs proches puissent les identifier. Une foule de parents angoissés s'agglutine devant les corps. Parmi eux, il y a Malika, la mère de Hava, une amie.

Au bout de quelques minutes, nous entendons des cris terribles. Malika vient de reconnaître sa fille. Les autres parents se pressent autour d'elle. On lit sur leurs visages une pitié immense mêlée à la satisfaction honteuse d'avoir eu de la chance, cette fameuse chance qui offre le corps de l'autre aux flèches du destin.

Ce matin-là, Hava s'était rendue à l'université comme tous les jours. Et, comme tous les jours, Malika fut traversée par un tourbillon de questions. Faut-il la laisser suivre les cours ? N'est-ce pas trop dangereux ? Ne serait-ce pas plus sage de quitter définitivement cette ville maudite ? Mais pour aller où ? Sa fille voudrait-elle seulement lui obéir ?

Quand les étudiants partent le matin à l'université, les parents ne savent pas s'ils reviendront le soir. Chaque jour, la mort marche près de nous mais on ne la voit pas. On la sent planer au-dessus des autres, mais jamais au-dessus de soi. Ce sont nos proches qui la redoutent pour nous. Malika la voyait planer sur sa fille depuis longtemps. Ce matin-là, c'était simplement son tour.

Une journaliste française entrée clandestinement en Tchétchénie et qui séjourna chez moi m'a demandé un jour pourquoi nous risquions nos vies pour aller étudier, pourquoi nous restions dans cette boue et ces ruines qui ne nous offraient aucun avenir. Je n'ai pas su quoi lui répondre. Je suppose que nous restons là parce que nous y sommes nés. Et que nous continuons à étudier parce que nous avons le droit d'être des jeunes comme les autres. Parce que c'est normal d'étudier à vingt ans.

Peu de temps après la mort de Hava, vint le temps des grands « nettoyages ». On sentait dans l'air une tension plus vive que d'habitude. Pourtant, les gens continuaient à vaquer à leurs occupations. Mes amis et moi allions à pied à l'université, comme d'habitude. Un matin, alors que nous approchions d'un check-point, un soldat a crié :

— Interdiction de passer ! Rentrez chez vous, maintenant.

— Et nos cours ?

— Mais quels cours ? Vous ne voyez pas ce qui se passe ? Rentrez chez vous ! C'est quoi, ce peuple ? Vous êtes tous fous !

Était-ce de la folie ou du courage ? Ni l'un ni l'autre. Juste de la fatigue. La mort pouvait tout aussi bien venir défoncer notre porte à coups de crosses, et nous en avions simplement marre de rester chez nous à l'attendre. Même si la deuxième guerre avait à nouveau détruit les bâtiments à peine reconstruits de l'université, même si nous nous retrouvions à trois classes (allemand, français et anglais) dans la même salle, même si la grande majorité des professeurs avait disparu ou fui, même si la Tchétchénie s'était transformée en désert intellectuel et la faculté de Grozny en no man's land éducatif, nous aimions aller en cours.

Des centaines d'étudiants venaient chaque jour travailler, discuter, traîner dans la pièce sombre et froide qui nous servait de cafétéria, critiquer, draguer, rire, pour maintenir cette illusion de normalité qui protège du désespoir et de la folie. On pourrait croire que les enfants de la guerre relativisent les habitudes, les joies et les peines de la vie banale. C'est tout le contraire. Ils les recherchent avec tant d'insistance, avec tant d'avidité et tant d'efforts qu'ils les sacralisent. En les interdisant, la guerre les pare de toutes les vertus, les transforme en objets suprêmes de désir.

L'université était le lieu par excellence de cette cristallisation de la banalité. Encore fallait-il, pour y arriver, passer les check-points. Tout dépendait de l'humeur des soldats, ces nouveaux dieux de Grozny. Les garçons surtout risquaient de disparaître. Une photo mal collée sur un passeport intérieur, l'absence d'enregistrement à Grozny pour un villageois, l'oubli d'un carnet de notes, une barbe de trois jours qui ne passe pas, une cicatrice trop visible ou tout simplement une « sale gueule » : tout peut servir de prétexte à une arrestation. « Celui qui cherche trouvera toujours quelque chose », dit un proverbe russe.

Une fois atteinte, l'université n'est pas non plus un havre de paix. Les jeunes disent en plaisantant que c'est la plus dangereuse et la plus connue des bases terroristes en Tchétchénie et que Bassaev lui-même doit s'y cacher. Comment expliquer sinon l'empressement des soldats à la « nettoyer » dès qu'un groupe de combattants attaque à l'autre bout de la ville ?

26.

Kazbek et Madina

Grozny, Tchétchénie, 19 avril 2001

Ce matin-là, Kazbek, jeune étudiant en lettres, contemple son image dans le miroir avec délectation, comme à chaque fois qu'il sort de chez lui. Il y voit un grand et beau garçon avec de magnifiques yeux clairs.
— Mais enfin, tu passes plus de temps que moi devant le miroir! grommelle sa sœur, faussement irritée.
— En me regardant, je m'interroge. Comment une fille pourrait-elle dire non à un garçon comme moi? Non, décidément, je ne parviens pas à comprendre...
— Quelle est donc cette malheureuse qui te dirait non? Madina? intervient sa mère, le couvant d'un regard admiratif.
Kazbek sort en souriant. Ni la mère ni la sœur ne peuvent imaginer qu'elles le saluent pour la dernière fois et que le lendemain matin, à l'aube, on viendra leur porter les restes de son corps calciné dans une bâche.
Dehors, le ciel est bleu, Grozny et ses ruines sont gagnées par les douceurs du printemps. Le jeune homme se rend à l'université, comme d'habitude. À la fin des

cours, il a rendez-vous avec mon amie Madina. Il l'invite au café, puis il la raccompagne chez elle. Sur le chemin, il cueille chaque fleur qu'il trouve. Madina rentre dans sa chambre un bouquet dans les bras et un sourire immense aux lèvres.

Kazbek ne rentre pas chez lui. Il part faire une virée avec deux de ses amis. L'heure du couvre-feu est passée. Ce « crime » va leur coûter la vie. Leur voiture croise un convoi russe. Les soldats incendient le véhicule et les passagers sont brûlés vifs. À vingt mètres de l'université.

Le lendemain matin, lorsque je suis allée en cours, j'ai vu la carcasse calcinée sans y prêter attention. Dans la cour, une amie se précipite vers moi pour m'annoncer la mort des trois garçons. J'ai bondi dehors à la rencontre de Madina. Elle attendait Kazbek, énervée par son retard. Elle s'est approchée de moi. Nous étions à dix mètres de la voiture incendiée.

— Tu as vu cette voiture ? Ils pourraient nettoyer leurs saloperies quand même.

Je n'ai pas osé lui dire qui était dans cette voiture. Elle a continué :

— Tu n'as pas vu Kazbek ? Il est où, cet idiot ? J'avais rendez-vous avec lui et je dois partir maintenant à Chali. Je reviendrai demain. Préviens-le si tu le croises.

Interdite, la seule chose que j'ai pu articuler fut :

— Bien sûr, mais ce n'est pas la peine de revenir demain, c'est le week-end.

Elle était en retard et ne prêta pas attention à mes propos si maladroits.

Plus tard, à la gare routière, un étudiant qui ignorait leur idylle l'a interpellée : « Madina, tu as vu que Kazbek est mort ? » Elle me raconta par la suite être montée dans le bus sans dire un mot, machinalement, et avoir pris la direction de Chali. « J'étais comme un robot. Pendant le trajet, un hélicoptère a survolé le bus. Je priais pour qu'il tire sur nous. Je ne pensais plus aux autres passagers. J'attendais la mort. »

La route de Chali est parsemée de check-points russes. Madina dut donc contempler plus d'une fois les faces avinées des assassins de son amoureux, écouter les histoires rituelles, ces récits atroces qu'on ressasse à chaque barrage comme pour exorciser le malheur.

Quelques mois plus tard, Madina apprit que Kazbek avait projeté de la demander en mariage ce 20 avril 2001. Elle partit pour l'Europe, clandestinement. Comme tant de jeunes Tchétchènes chassés de leur pays par la douleur ou le danger, et qui cherchent en Occident une terre neutre où refaire leur vie.

27.

Les appelés

Grozny, Tchétchénie, fin du printemps 2001

À l'université comme ailleurs, les « nettoyages » obéissent à un rituel bien huilé. Les soldats entourent les bâtiments avant de les investir. Les cours s'interrompent. Tout le monde sort des salles. Les filles et les garçons sont séparés et la sélection commence. Les ordres sont de ramener un nombre préétabli de « terroristes ». Les soldats se mettent donc au travail pour remplir leur quota, comme au bon vieux temps de l'URSS.

Mais tous ne le font pas de la même façon. Je me souviens d'un jour où, comme souvent, je suis arrivée en retard. Des tanks et des camions bloquaient le passage, des soldats encerclaient les bâtiments. Nous ne pouvions pas entrer. C'était une zatchitska, une de plus. Avec d'autres retardataires, nous sommes restés à l'écart pour observer et protester lorsqu'ils embarqueraient des jeunes. Progressivement, les parents alertés nous ont rejoints. Certains brandissaient les passeports, les bulletins de notes ou les médicaments oubliés par leurs enfants, demandant en vain aux soldats de les remettre aux malheureux pris au piège dans les bâtiments.

À côté de moi, une mère terrorisée suppliait un jeune soldat de transmettre un flacon de ventoline à sa fille asthmatique. Le soldat semblait gêné. On voyait bien qu'il aurait préféré ne pas être là. Il ne repoussait pas la mère comme les autres, il ne hurlait pas et n'osait pas la regarder dans les yeux. Il bafouillait en contemplant ses chaussures :

— Je ne peux laisser passer rien ni personne. J'ai pour ordre de ne laisser passer personne.

— Ma fille est gravement malade, je t'en prie, mon fils. Elle a oublié ses médicaments. Elle peut mourir en cas de crise. Il faut juste lui donner ses médicaments. J'ai tout : son nom, sa classe, son emploi du temps. Ce ne sera pas difficile de la trouver.

— Je ne peux pas. Nous avons pour ordre de ne laisser passer personne.

— Mais je ne te demande pas de me laisser passer, juste de transmettre la ventoline...

— Je sais, mais je n'en ai pas le droit, dit-il à haute et intelligible voix.

Puis il ajouta plus bas :

— Excusez-moi, je voudrais vous aider, je comprends, mais je ne peux rien faire.

Le soldat a hésité. Il a regardé autour de lui. Ses yeux ont croisé ceux d'un mercenaire bien plus âgé qui le surveillait d'un air méfiant. Il s'est alors raidi et a repris sa rengaine :

— Je ne peux pas. J'ai des ordres.

Il paraissait au bord des larmes. Ce devait être un appelé.

– Tu peux au moins demander à ton commandant de venir.
– Je n'ai pas le droit de bouger d'ici.
Un autre jeune soldat s'est approché de lui.
– Maintenant vous êtes deux, l'un d'entre vous peut aller appeler le commandant.
Les deux soldats se sont regardés. Ils avaient peur, ça crevait les yeux. Finalement, l'un d'eux est parti chercher le commandant. Lorsque celui-ci est arrivé, la femme a réitéré sa demande. L'officier est devenu fou de rage.
– Votre fille et ses médicaments, je les emmerde. C'est la guerre. Quant à toi, petit con, tu m'as appelé pour ça? Je t'ai mis ici pourquoi à ton avis? Quels étaient tes ordres? Tu veux jouer aux saints? Et maintenant repousse-moi ces gens, tout de suite! Tire dans le tas s'il le faut!
Le jeune homme était terrifié. À son dégoût pour la férocité de son commandant se mêlait de la haine pour cette femme qui l'avait précipité dans les problèmes et qui lui faisait honte.
– Poussez-vous! Vous êtes sourds? Reculez! J'ai dit: reculez! Je vais tirer!
Il y avait du monde partout. Il a armé sa kalachnikov. La foule a reflué. Je garde en tête l'image de ce soldat. Il aurait tiré, c'est sûr. Il tremblait de tout son corps et n'arrivait pas à cacher ses larmes. En Tchétchénie, beaucoup d'appelés ressemblent à ce soldat perdu.
Lorsqu'un jeune paysan russe de dix-huit ans arrive dans mon pays pour son service militaire, on lui laisse deux possibilités: soit il se conduit «comme il faut» avec les «sauvages», les «bandits», c'est-à-dire les traite comme des rats, soit il reste humain et devient un paria, un souffre-douleur pour son régiment et ses chefs.

Ces appelés qui refusent la loi du pillage, de l'humiliation et de la torture sont misérables. Ma tante discutait tranquillement avec une amie dans le jardin de celle-ci, lorsqu'un soldat hirsute apparut, kalachnikov à la main. Elles restèrent interdites devant ce surgissement menaçant. Mais le soldat posa son arme à terre et dit : « Je vous l'échange contre du pain. » Elles l'ont nourri, puis l'ont prié de reprendre son fusil-mitrailleur car ce serait dangereux pour elles qu'il soit retrouvé là.

Les plus désespérés étaient prêts à aller plus loin qu'échanger leurs armes. À Orekhovo, des soldats russes tentèrent de négocier un contrat avec les hommes du village. Ils venaient d'hériter d'un nouveau commandant qui leur pourrissait l'existence et cherchaient à s'en débarrasser. Ils demandèrent aux villageois d'organiser un simulacre d'attaque de la guérilla pour pouvoir se débarrasser tranquillement de leur chef et faire croire qu'il avait trouvé la mort lors de combats acharnés. Les soldats promettaient en échange de garantir la sécurité du village. Mais que valait leur promesse ? Nos hommes ont refusé. Heureusement. Peu de temps après, ce commandant fut tué dans une « embuscade » sur la route qui mène à Shalagie. Et il y eut un nettoyage à Shalagie.

28.

Le mariage de Soultan

Orekhovo, Tchétchénie, 7 juin 2002

Des dizaines de voitures font irruption dans Orekhovo à grands coups de klaxon. La plus belle, ornée de ballons et de rubans blancs, guide la troupe. Les autres rivalisent pour arriver à la deuxième place comme le veut la tradition.

Mon frère Soultan se marie ! Dans la première voiture, on transporte Marina, sa future femme, accompagnée par la sœur du marié, c'est-à-dire moi. Je suis chargée de superviser le transit de la fiancée d'une famille à l'autre : après être partie la chercher à Grozny, je la ramène à Orekhovo.

Auparavant, les proches de Marina ont fêté son départ dans la capitale et ont invité tous les membres de notre convoi à manger tout en réglant les dernières formalités avec le mollah.

Pendant ce temps, des jeunes filles s'agitaient autour de Marina pour la pomponner. Tout devait être parfait : la robe, le maquillage, la coiffure... Elle commençait une nouvelle vie et la moindre anicroche pouvait porter malheur. Mais tout allait bien. Le trousseau était prêt. Au-dessus de chaque valise, un cadeau était destiné à la femme de notre famille chargée de l'ouvrir. Quand la fiancée eut fini de se faire belle, mon cousin est entré dans sa chambre. Une femme de la famille de Marina lui a confié son « trésor ». Il lui a remis en échange une liasse de billets et un mot : *Que cette union soit heureuse !*

Le mariage tchétchène est un événement complètement ritualisé. On suit à la lettre un schéma qui remonte à la nuit des temps. Seuls les moyens de locomotion ont changé : les voitures ont remplacé chevaux et carrioles. Mais la course et le convoi restent de rigueur.

Lors du trajet, en arrivant à la lisière d'Orekhovo, nous nous sommes heurtés à des barricades dressées sur la route. Les enfants jouaient aux bandits de grand chemin et refusaient de nous laisser passer sans qu'on leur donne de l'argent. Un grand marchandage a commencé pour obtenir leur feu vert.

Délestés d'une petite fortune, nous arrivons enfin à la maison. Les portes sont grandes ouvertes. Chez les Tchétchènes, il n'y a pas d'invitation, d'annonce ou de faire-part. Tout le monde peut venir à chaque événement marquant qui se produit dans une famille. Et le mariage d'un fils est sans aucun doute l'événement majeur d'une histoire familiale. La maison est donc pleine à ras bord.

Nous sortons de la voiture sous les vivats. Marina attend que ma tante vienne la chercher pour descendre. Ma mère lance des bonbons sur elle pour que sa vie avec Soultan soit « douce et sucrée ». Chacun se précipite pour entrevoir la mariée. Mais son visage est caché sous un voile de soie blanche. C'est à la belle-mère qu'il revient de soulever ce voile pour exposer à l'admiration de tous la beauté de la nouvelle venue. Puis ma mère prononce son éloge et l'embrasse, ce qui fait d'elle sa fille pour la vie.

Ensuite, pour que le premier-né soit un mâle, on tend un petit garçon à Marina. Celui-ci est tellement gros qu'en le prenant dans les bras, elle manque de trébucher. Puis elle se dirige vers une chambre décorée de fleurs blanches où tout le monde vient la contempler.

Des tables débordant de nourriture sont dressées dans chaque recoin de la maison. Tous les convives doivent pouvoir manger à en devenir malades. Des gens paradent, habillés de leurs plus beaux costumes. L'unique personne qu'on ne verra pas en ce jour de fête, c'est mon frère. Le jeune marié n'a pas le droit de se montrer. Il peut être où il veut, sauf chez lui. Seule la mariée assiste au début de la fête. C'est elle qu'on célèbre.

Bientôt un nouveau cortège s'annonce, encore plus bruyant que le nôtre. La voiture de tête est enveloppée d'une couverture splendide et une montre géante est accrochée au capot, pour que « nos deux jeunes gens aient toujours chaud » et pour que « la mariée ne se réveille pas trop tard ». C'est un moyen de tourner en dérision une tradition qui veut que l'épouse se lève aux aurores pour faire le ménage les premiers jours de son mariage afin de montrer son éducation parfaite à tout le village. Ce cortège bruyant est guidé par l'ancienne professeure de Soultan, suivie par tous ses copains de classe ayant survécu à la guerre.

Des musiciens les accompagnent. Cela tombe à pic car les gens réclament le *lovzar*, une danse traditionnelle et festive. Les jeunes filles se mettent d'un côté, les jeunes hommes de l'autre. Un garçon invite une fille à le rejoindre au centre et tout le monde observe le couple qui tourbillonne au rythme de l'accordéon et du *vot*, notre tambour.

Le danseur tourne autour de sa partenaire comme un aigle, pour montrer son adresse et son courage. Ses pas saccadés ont des accents guerriers. La fille fait mine d'être une proie facile pour le prédateur qui se pavane devant elle et le laisse s'approcher. Puis, d'un geste noble, elle le rejette. C'est son moment de gloire : elle se met à tourner sur elle-même avec une grâce infinie. Ses pas légers la font voler sur la piste qu'elle traverse d'un bout à l'autre. Faussement humilié, le garçon revient à la charge, plus dynamique, plus combatif encore. Et ainsi de suite, jusqu'à ce que la danseuse le congédie définitivement d'un simple mouvement de la main. Tout l'art est de savoir quand interrompre la danse pour susciter admiration et désir.

Autrefois le lovzar était une véritable conversation silencieuse. Le couple prononçait sans un mot les paroles les plus audacieuses et les plus sensuelles. Chaque mouvement avait un sens précis. Aujourd'hui, les jeunes ne connaissent plus le sens précis des mouvements qu'ils exécutent avec brio. Mais le ballet conserve toute sa beauté. Il n'y a pas que les jeunes qui entrent dans le tourbillon. Les femmes, les enfants, les plus âgés, toute la communauté se met en scène au son de la musique, encourage en frappant des mains et en lançant de tonitruants «*Assa*[1] ! » repris par le danseur.

Entourée par des jeunes filles, Marina contemple la scène du haut de son balcon. Avec sa robe blanche, ses boucles blondes, ses yeux brillants et son sourire qui des-

---

1. Exclamation proférée lors des danses traditionnelles tchétchènes et ingouches.

sine des fossettes sur ses joues rondes, elle me fait penser à un ange.

Le soir, les amis de Soultan parviennent enfin à l'introduire dans la maison. Les anciens sont partis. Les jeunes s'installent discrètement dans la chambre du marié. Marina, qui a changé de robe, est invitée à les rejoindre. Les amoureux se voient alors pour la première fois depuis le début de la cérémonie. Ils essaient de cacher leur bonheur. Ce qui nous fait beaucoup rire, car ils échouent lamentablement.

La jeune fille ne doit théoriquement pas parler avec les hommes de la famille de son mari avant le *motbastar*. Ce rite consiste à payer la mariée pour obtenir d'elle quelques paroles. Chacun leur tour, les garçons font mine de lui demander de l'eau, mettent de l'argent sur la table et attendent son autorisation pour boire. Tant qu'elle juge le garçon « radin », elle se tait et il doit augmenter la somme. C'est l'instant de sa toute-puissance. Tous les jeunes hommes défilent à ses pieds et elle les fait patienter, choisissant ses chouchous, ceux à qui elle demande le plus de sous.

Les danses se poursuivent tard dans la nuit. La fête va durer trois jours. Nous vivons libres et heureux, dans une bulle de joie, comme si la guerre, les soldats, les mercenaires, les miliciens, les wahhabites et les profiteurs n'existaient pas. Ma mère et ma grand-mère sont ravies. Je remarque cependant en elles une pointe de tristesse. Sans doute le regret qu'Ami ne trône pas à leurs côtés pour savourer le triomphe de la famille. J'espère sincèrement qu'il a pu y assister, où qu'il se trouve. J'y crois. J'ai besoin d'y croire.

29.

Le « traître »

Grozny, Tchétchénie, automne 2002

Une journaliste française[1] vint se cacher chez moi à Grozny, où j'habitais de plus en plus souvent seule vu les allers-retours de ma mère à Moscou ou en Turquie pour son travail. Malgré le danger, cela me plaisait d'héberger une étrangère. J'en avais assez de notre solitude et j'étais fascinée par le courage de ces femmes reporters qui bravaient l'interdit russe pour témoigner de ce qui se passait dans un pays si éloigné de chez elles.

Vladimir Poutine a tiré les leçons de la défaite de l'armée fédérale lors de la première guerre. Cette débâcle historique n'était pas due uniquement à l'héroïsme de nos combattants. La relative liberté de la presse qui régnait à l'époque y avait largement contribué en coupant le Kremlin d'une opinion publique russe en gestation et en permettant au monde de se tenir informé des horreurs qui se passaient chez nous. Il a donc supprimé les médias indé-

---

1. Il s'agit de Françoise Spiekermeier dont nous reproduisons quelques photographies.

pendants en Russie et interdit le territoire tchétchène aux journalistes occidentaux. Mon pays s'est transformé en ghetto, en zone grise de l'humanité. Nous vivions coupés du monde depuis l'hiver 1999, seuls face à la violence, contraints en plus de voir à la télévision de Moscou les dirigeants des grandes démocraties embrasser notre bourreau.

En cette belle journée ensoleillée d'octobre 2002, la journaliste française avait transformé mon appartement en bureau des plaintes et les gens faisaient la queue pour parler de leurs souffrances, des exactions russes, de leurs proches morts ou disparus. Dignement, sans pathos, une ronde de témoignages plus horribles les uns que les autres commença. Une femme évoqua son fils mort sous la torture, montrant les photos du cadavre qu'elle avait retrouvé, privé de ses organes. Deux sœurs racontèrent comment leur frère et son ami russe, tous deux âgés de quinze ans, furent enchaînés l'un à l'autre par des soldats qui les firent exploser avec une grenade[1]...

Soudain, un jeune homme d'une vingtaine d'années entra dans le salon. Il portait un uniforme de milicien. Je me suis demandé ce que faisait chez moi l'un de ces traîtres, en une telle occasion, au milieu de tant de souffrances. Je restai interdite devant l'uniforme honni. Mais mon regard croisa le sien et une impression terrible me

---

1. On appelle cette méthode la technique du « fagot humain ». Pendant que la journaliste française se trouvait à Grozny, un article parut dans *Newsweek* (daté du 14 octobre 2002), revenant sur cette « technique » des troupes fédérales : « Pulvériser à l'explosif des morts ou des vivants est la dernière technique introduite dans le conflit tchétchène par l'armée fédérale russe. L'exemple qui fait référence est certainement celui du 3 juillet 2002 dans le village de Meskyer Yourt où vingt et un hommes, femmes et enfants ont été fagotés ensemble et pulvérisés à la grenade et à l'explosif, leurs restes étant jetés dans un trou. »

saisit. Jamais je n'avais vu pareille douleur dans les yeux d'un homme. Tout dans son visage exprimait la détresse. Son « interrogatoire » a commencé.

« Oui, je travaille avec les Russes. Pas pour mon plaisir, croyez-le. Pas non plus pour l'argent. J'ai pensé que c'était le meilleur moyen d'aider nos jeunes quand ils se font arrêter par les soldats. Je ne pouvais rester inactif. C'était soit ça, soit le départ pour les montagnes. Mais ma mère me suppliait de ne pas partir, je me suis donc engagé dans la milice.

Et croyez-moi, plusieurs fois, j'ai sauvé des combattants. Peut-être les Russes ont-ils fini par s'en rendre compte. En tout cas, un jour, ils sont venus pour m'arrêter. Ils ont entouré ma maison. Avec ma famille, nous avons résisté aussi longtemps que possible. Puis, voyant que nous allions céder, j'ai fui pour chercher de l'aide auprès de mes collègues miliciens.

Quand je suis revenu avec une dizaine d'entre eux, ma mère pleurait sur les cadavres de mon père et de mon frère aîné. Les Russes avaient promis de les épargner s'ils cessaient le feu. Mon frère et mon père les ont crus et ils en sont morts. Je leur avais pourtant dit de tenir, quoi qu'il arrive, jusqu'à mon retour, car je savais bien comment finissent ceux qui se rendent. Mais ils n'avaient pas confiance en moi et devaient penser que je ne reviendrais pas. Vous ne pouvez pas comprendre ce que ça représente pour un Tchétchène... Mon propre père mort en pensant que je l'avais abandonné aux Russes... Il n'avait de toute façon jamais compris mon engagement dans la milice...

Mon frère a laissé quatre enfants. Maintenant, c'est à moi de les élever. Mais je ne peux pas les regarder dans les yeux. Vous comprenez cela ? Je suis parti et leur père est mort par ma faute. C'était moi que les Russes voulaient...

Je suis retourné ensuite dans la milice, avec un seul but : me venger des Russes. Maskhadov, Kadyrov, Bassaev... Je ne m'intéresse pas à la politique. J'ai ma propre guerre à mener, dans mon coin.

Il reste mes neveux et ma vengeance. Je n'ai pas le droit de me marier car, si je le fais, j'ai peur qu'un jour les enfants de mon frère ne trouvent dans mes yeux moins d'amour que mes propres enfants. J'ai peur aussi de renoncer à ma guerre. Il y avait bien une fille dont j'étais amoureux, mais tout cela c'est fini, fini.

Vous êtes journaliste, et vous êtes une femme bien puisque vous venez de loin risquer votre peau dans un conflit qui n'est pas le vôtre. Alors j'ai décidé de vous parler car je dois parler à quelqu'un. Et à qui voulez-vous que je parle ? Ma mère n'a pas la force de m'en vouloir mais elle ne m'écoute pas et vit dans un brouillard permanent. Mes amis changent de trottoir en me voyant et je ne vais pas me confier aux autres miliciens, à ceux qui trahissent pour de l'argent, ou même, plus grave, par conviction. Car il ne faut pas croire, les Tchétchènes ne sont pas tous des résistants ou des victimes. Et ça aussi il faut le raconter.

Je les vois agir, moi, les miliciens, quand ils sont avec les Russes. Ce sont vraiment les chiens de leur maître et ils n'ont pas plus d'honneur que les mercenaires qui viennent torturer nos frères et violer nos filles. Parfois, ils sont même pires que les Russes. Il faut voir la peur sur le visage des gens quand ils croisent nos uniformes...

Vous devez tout raconter, comment cette guerre a changé les hommes. Vous devez tout dire. Peut-être qu'on vous écoutera et que des étrangers viendront nous aider. Car autrement, ça n'aura pas de fin. Chaque Tchétchène aura un compte à régler avec un autre Tchétchène et les Russes auront gagné. Pour longtemps, voire pour toujours... »

J'écoutais cette âme de centenaire nous parler dans un corps de jeune homme. Il avait vingt-cinq ans.

30.

Mon départ en France

Grozny, Tchétchénie, printemps 2003

J'étais en cinquième année de français à l'université et je finissais mon mémoire sur « L'expression de la causalité dans la langue française ». Un jour de mai, ma professeure principale, Habiba, s'est approchée de moi et m'a demandé :

– Milana, j'ai une question importante : cela t'intéresserait de partir continuer tes études en France ?

– Je voudrais bien, mais...

Je ne comprenais pas vraiment le sens de cette question. Les gens qui étaient partis en Europe l'avaient fait clandestinement et je voyais mal Habiba me proposer une filière de passeurs pour l'Ouest.

– Je te demande ça sérieusement parce qu'une association s'est créée en France pour accueillir des étudiants tchétchènes à Paris. Ses membres m'ont contactée. Ils prendraient tout en charge, depuis le billet d'avion jusqu'à l'hébergement, la nourriture, l'inscription en faculté, l'obtention des visas... Je voudrais leur envoyer des étudiants sérieux, des jeunes qui pourront faire quelque chose pour leur pays. Tu crois que ta famille serait d'accord pour que tu partes seule deux ans à l'étranger ?

Évidemment, je ne pensais pas que ma famille accepterait. Les traditions sont très fortes dans nos villages. Et, selon nos traditions, une jeune fille ne part pas seule si loin et si longtemps. Mais de toute façon, je ne saisissais toujours pas par quel miracle une étudiante tchétchène pourrait aller en France. Je décidai donc de mentir, histoire de gagner du temps et de voir si tout cela tenait vraiment debout :

– Bien sûr que oui. Ma mère, mon frère, ma grand-mère, ils seront tous d'accord. Mais comment avez-vous connu cette association ?

– Tu te souviens de la photographe française qui est venue à l'université pour un reportage l'an dernier ? Avant de repartir, elle m'a demandé ce qu'elle pouvait faire pour moi. Je lui ai donné le numéro de téléphone de la fac et je lui ai demandé de le transmettre à toute personne susceptible de nous aider à faire sortir des étudiants hors de ce ghetto. Un an plus tard, elle a rencontré des membres de cette association, Études sans frontières[1], elle leur a donné mes coordonnées. C'est une chance unique, Milana. Mais tu es sûre que ta famille sera d'accord ? Interroge-les au plus vite, car il faut préparer un dossier et l'envoyer à Paris. Tu dois me donner la réponse à la fin de la semaine.

Sans avoir posé la question à ma famille, je confirmai bien évidemment à Habiba qu'il n'y avait aucun problème. Je pensais toujours que cela ne marcherait pas.

---

[1]. Études sans frontières (ESF) est une organisation à but non lucratif constituée essentiellement de jeunes Français bénévoles. Elle a pour objectif d'aider des étudiants de pays en guerre ou victimes d'oppression politique, religieuse ou ethnique. Sa principale mission concerne la Tchétchénie. Pour tout renseignement, consulter www.etudessansfrontieres.org.

Mon départ en France

Ce n'était donc pas la peine de plonger mes proches dans l'émoi ou l'excitation pour rien. Mais cela se concrétisa. Les questionnaires étaient précis et Habiba semblait de plus en plus convaincue. Je décidai de me lancer. Nous sommes parties, ma mère et moi, dans notre village pour le week-end. Quand toute la famille fut rassemblée, j'annonçai la nouvelle. Ma mère et ma grand-mère ne savaient pas quoi dire. Elles étaient fières de moi. À leurs yeux, c'était un honneur immense que leur petite Milana d'Orekhovo ait été sélectionnée par des Parisiens. En même temps, c'était une folie de me laisser partir. La France, c'était une autre planète. Je n'avais jamais quitté le territoire russe et là je parlais de Paris ! Mais mon frère et ma belle-sœur furent si enthousiastes que les deux femmes ont accepté assez vite. J'étais folle de joie.

Nous étions neuf sélectionnés, six filles et trois garçons. Nous avons entamé nos démarches administratives. Le plus dur fut d'obtenir des passeports étrangers. En Russie, il y a deux types de passeports : le passeport intérieur, sorte de carte d'identité, et le passeport international qui permet de quitter les frontières de la Fédération. Comme les Tchétchènes sont officiellement des citoyens russes, nous avons théoriquement le droit d'obtenir ces passeports. Théoriquement seulement. L'administration de Grozny nous assurait qu'elle n'avait pas les formulaires requis. Et dans les Républiques voisines, on nous envoyait paître en disant que les Tchétchènes n'avaient pas droit à ces papiers. Heureusement, il y a cette fameuse tradition postsoviétique qui stipule que tout a un prix. Nous avons donc acheté les précieux passeports à un fonctionnaire véreux. Cela coûtait très cher : quatre cents dollars. Nos familles ont collecté l'argent et nous ont offert ce sésame merveilleux, une clé pour le monde libre.

Mi-septembre, nous étions prêts. Je me suis rendue au village pour saluer ma grand-mère, mon frère, ma belle-sœur et mes amies. Ma grand-mère n'arrêtait pas de pleurer et répétait d'une voix tremblante : « Je ne te reverrai plus, ma petite. » J'essayais de la calmer en disant que, s'il ne m'était rien arrivé en Tchétchénie, je n'allais quand même pas mourir en France, que je reviendrais vite avec des cadeaux ultrachic de Paris, la capitale mondiale de la mode, que l'on se débrouillerait pour se parler au téléphone même si elle n'en possédait pas...

Deux jours plus tard, parents et amis nous ont accompagnés, moi et les huit autres étudiants, à la gare routière de Grozny. Tout s'était passé si vite. Nous n'avions pas eu le temps de souffler et de réfléchir à ce que tout cela signifiait pour nous. Après dix ans de guerre, nos vies basculaient en quelques jours.

Maman essayait de se tenir droite et de rester souriante jusqu'au départ du car qui nous conduirait vers Naltchik où nous allions prendre le train pour Moscou. Elle était au milieu de cette petite foule, toute seule, les bras ballants, le regard fixé sur un point invisible. La tristesse faite femme. Bien sûr, il était possible que l'on ne se revoie plus. Non parce que je partais loin, mais parce qu'elle restait seule dans ce pays oublié des dieux et du monde.

Après deux jours de voyage, nous sommes arrivés vers six heures du matin en gare de Moscou où deux jeunes Françaises d'Études sans frontières étaient censées nous attendre. Il faisait encore nuit. Nous avons mis un temps fou à nous préparer avant de sortir du compartiment. Le maquillage, la coiffure, les plus beaux habits, nous devions être parfaits. Des Françaises ! Dans notre imaginaire, elles étaient la personnification même du

chic. Les trois garçons devenaient hystériques et répétaient « plus vite ! plus vite ! ». Quand nous avons ouvert la porte, il n'y avait plus personne dans le wagon. Adlan et moi avons sorti la tête par la fenêtre pour essayer d'apercevoir nos « Françaises ». Deux jolies jeunes filles attendaient sur le quai.
– Tu crois que ce sont elles ? m'a demandé Adlan.
– Je ne crois pas. Elles sont trop jeunes.
– Moi, je voudrais bien, elles sont mignonnes…
– Arrête ! Mais peut-être que tu as raison. Il ne reste plus personne et elles attendent quelqu'un, c'est clair.
– On n'a qu'à faire un signe de la main. Si elles sont là pour nous, elles comprendront et elles nous répondront.
– Et si on se trompe, on aura l'air débile. Arrête de braquer les yeux sur elles. Elles vont te prendre pour un animal !
Il a ébauché un signe timide de la main. Les deux filles ont souri et lui ont répondu. Elles semblaient aussi émues que nous.

Laure et Aurelia furent aux petits soins et ne voulaient pas que nous sortions de l'appartement où nous attendions que l'ambassade de France délivre les visas. Elles avaient peur qu'il nous arrive quelque chose, surtout Laure qui était en Russie pour la première fois et qui était choquée par le racisme des Moscovites. Quand elles avaient le temps, entre deux rendez-vous au consulat, elles venaient nous voir et nous discutions. Au début on s'étudiait mutuellement, car nous ne savions pas comment nous comporter les uns avec les autres. Mais ce malaise fut vite dissipé, car même si nous venions de mondes très différents, nous étions avant tout des jeunes.

Après quelques jours de démarches, elles ont obtenu les visas. Nous pouvions prendre l'avion pour la France.

Bien entendu, nous avons été retenus quelque temps à l'aéroport par des flics russes qui ne parvenaient pas à croire que des Tchétchènes aient obtenu des permis de séjour de longue durée pour étudier à Paris. Les pauvres ! C'était le monde à l'envers pour eux : des « culs noirs » obtenant ce dont ils ne pouvaient même pas rêver, un sésame ouvrant les portes de l'Occident ! Nous savourions notre petite revanche sur le destin.

C'était la première fois que je prenais l'avion. J'ai trouvé ça génial. Je regardais tout le monde, sidérée de me retrouver là. D'Orekhovo à Paris ! Nous avons atterri tard dans la soirée à l'aéroport de Roissy-Charles-de-Gaulle : voilà un nom que nous connaissions ! Des membres d'Études sans frontières étaient venus nous accueillir à la sortie de la douane. Ils étaient derrière de grandes vitres. Quand ils nous ont aperçus, ils ont applaudi et nous ont salués. On les regardait un peu perdus. Les Tchétchènes ne montrent pas trop leurs sentiments. Et nous n'avions pas l'habitude que des étrangers soient si contents de nous voir. Les étrangers que nous connaissions à Grozny, c'étaient les soldats russes.

— Au moins faisons un signe, ce n'est pas poli de notre part, ce doit être leur tradition...

Nous avons timidement agité nos mains. Le plus drôle, ce fut la surprise réciproque que constituaient nos apparences respectives. Pour nous, Paris était la capitale de l'élégance. Nous pensions voir des jeunes en costume Yves Saint Laurent et ils étaient en jeans et en baskets. Pour eux, la Tchétchénie, c'était un pays musulman détruit par la guerre ; ils s'attendaient sans doute à accueillir des jeunes misérables et des filles voilées, mais nous, les filles, avions mis nos belles jupes, nos bas résille et nos talons hauts !

Nous avons traversé Paris de nuit. Que de lumières !

Mon départ en France | 161

Les jeunes Français ont organisé une soirée de bienvenue. Cela ne ressemblait pas à une fête tchétchène mais à une party tirée d'un film américain. Des gens se présentaient à nous constamment. Il y avait tant de noms à retenir ! Une étrange brume nous enveloppait. Nous étions physiquement à Paris mais notre esprit restait coincé là-bas.

On nous a installés à la Cité internationale universitaire de Paris, un endroit génial avec de grands jardins et des pavillons pour chaque pays. On dirait un monde en miniature. On y croise des Sénégalais, des Tunisiens, des Espagnols, des Italiens, des Américains, des Mexicains, des Thaïlandais… Dire que la plupart d'entre nous n'avaient vu que des Russes ou des Kazakhs !

Ma découverte parisienne la plus fascinante fut le métro. Il est certes bien plus petit et bien plus sale que celui de Moscou. Mais quelle différence d'atmosphère ! Quelque chose de spécial se passe dans chaque rame, une sorte de rencontre avec l'universel. Les Parisiens ne s'en rendent plus compte et se plaignent des odeurs, de la promiscuité, des retards… Pourtant, leur métro est un petit miracle dans ce monde de violence et de haine. Tous ces gens serrés les uns contre les autres dans leurs habits traditionnels ou modernes, avec leurs parfums de luxe ou bon marché, leurs divers codes et leurs différentes langues, c'est la meilleure des propagandes pour la mixité culturelle et les sociétés libres. J'aime surtout les femmes africaines, avec leurs larges boubous, ou les femmes indiennes en sari.

À Paris, on peut porter ou faire ce qu'on veut. D'où qu'on vienne, les gens ne prêtent pas attention à nous. On est libre. Ce phénomène a aussi ses côtés négatifs car on peut mourir de faim, de soif ou de froid sur le trottoir, personne ne le remarquera non plus. Je caricature un peu mais voir des vieilles personnes faire la manche fut pour moi un choc énorme. Je ne comprends pas comment un pays aussi riche que la France peut laisser des vieillards dans la rue. C'est un aspect choquant de la culture occidentale quand on arrive d'un pays comme le mien. À Grozny, même dans les ruines, il n'y a quasiment pas de mendiants, d'orphelins qui traînent dans les rues. Non parce que c'est interdit, mais parce qu'ils sont pris en charge par les familles – ce terme ayant un sens très élargi.

Quand on me dit, par contre, que les Français ne sont pas ouverts, polis, voire même qu'ils sont racistes, je ne suis vraiment pas d'accord. Ceux qui pensent cela devraient faire un tour à Moscou. Les Parisiens sont même à la limite trop polis. Les réfugiés tchétchènes disent en blaguant que « même si c'est toi qui leur marches sur les pieds, ils te demandent pardon ». Et puis il y a aussi cette délicieuse sensation de pouvoir croiser un policier sans craindre de se retrouver en prison juste parce qu'on est tchétchène. J'ai découvert un pays où naître tchétchène n'est pas un crime.

Au début de notre séjour, nous étions souvent entourés par les jeunes de l'association et les gens qui les soutenaient, des adultes, intellectuels, artistes, retraités ou professeurs qui s'intéressaient à la Tchétchénie. Parmi eux, il y avait le philosophe André Glucksmann, une bénédiction divine pour mon peuple. Depuis la première guerre, il ne cesse de nous aider, de rappeler aux Européens qu'ils ne doivent pas nous laisser mourir. Le président Doudaev lui décerna la Légion d'honneur tchétchène et un passeport officiel de la République indépendante d'Itchkérie.

Son appartement est devenu l'ambassade de nos souffrances et de nos luttes en Occident. Ma cousine me raconta avoir rencontré avec une journaliste française, dans les montagnes perdues de la Tchétchénie, un vieux berger que la guerre avait délesté de ses fils et de ses yeux. Dès qu'il apprit que la femme était française, il évoqua André Glucksmann. Il dit avoir puisé la force de survivre en écoutant une intervention de cet homme à Radio Free Europe. Quand la paix et la liberté reviendront en Tchétchénie, j'espère que nous saurons remercier les gens comme lui, que nous saurons être dignes de leur confiance.

Comme j'évoluais dans un milieu particulièrement concerné, je croyais que tous les Français se sentaient solidaires de notre destin. Bien évidemment, ce n'était pas le cas. La Tchétchénie reste pour la plupart un mystère. Je me souviens d'une promenade dans le jardin du Luxembourg. Un garçon m'a accostée. Il m'a demandé d'où je venais. Lorsque je lui ai répondu « de Tchétchénie », il a paru très surpris : « Mais tu ne ressembles pas du tout à une Arabe ! » Je me suis rendu compte par la suite que pour une majorité d'Occidentaux, nous appartenions à cet ensemble hostile appelé « Moyen-Orient ».

Je le dis sans haine et sans mépris : la Tchétchénie n'est pas la Palestine, l'Afghanistan ou l'Irak. C'est un pays aux confins de l'Europe, et ce qui se joue chez nous n'est pas assimilable aux grandes problématiques du monde arabo-musulman. Le drame de la Tchétchénie relève d'abord des volontés impériales russes et des soubresauts du postsoviétisme, à l'instar de l'Ukraine ou de la Biélorussie, avec une violence infiniment plus grande évidemment. S'il faut comparer notre souffrance à celle d'un autre peuple, comparez-la à celle des Bosniaques, victimes d'un postcommunisme teinté de nationalisme exacerbé. À cette différence que Poutine est plus puissant que Milosevic et que l'OTAN ne viendra pas nous sauver.

31.

La seconde mort du père

Paris est un endroit magique et les membres d'Études sans frontières m'ont fait un cadeau inestimable en me permettant d'y vivre. La première année, j'étudiai l'histoire à la Sorbonne avec Zina, une autre jeune fille du groupe. Malgré nos études à Grozny, nous ne parlions pas vraiment français, ou plutôt pas du tout. Pendant les cours, nous ne comprenions rien et, quand le professeur s'adressait à nous dans cette langue étrange dont nous ne saisissions que des mots à la volée, nous nous regardions bêtement, rouges de honte.

Pour nous aider, des bénévoles d'ESF nous ont donc donné des cours particuliers. Zina et moi, on travaillait avec Raphaël, l'un des fondateurs de l'association. Au début nous ne captions rien à ses envolées lyriques sur la Révolution française ou le développement capitaliste de l'Angleterre, mais on répondait toujours « oui » et on ponctuait de « ah » ou de « OK » chacun de ses couplets. Il a vite remarqué notre petit jeu et nous avons tout repris depuis le début. J'aimais surtout apprendre l'histoire contemporaine, si différente de celle qu'on a ingurgitée à l'école soviétique. Nous n'avions par exemple jamais étudié le Pacte germano-soviétique, la Shoah et les persécutions antisémites, le fonctionnement réel du Goulag, le plan Marshall, la construction européenne...

Au bout d'une année d'intégration, chacun choisit un cursus correspondant au projet qu'il comptait développer en rentrant à Grozny. Moi, je veux y créer un journal pour les jeunes, un mensuel apolitique qui permette à une jeunesse atomisée par douze années de guerre de se rassembler autour d'un projet pacifique. J'ai donc essayé d'intégrer l'école de journalisme de Sciences-Po qui ouvrait ses portes en septembre 2004. J'étais persuadée d'échouer. Au contraire, Raphaël était sûr que j'allais réussir et me préparait à l'examen oral comme si j'étais une athlète en route pour les JO.

Par miracle, par chance ou je ne sais quoi, j'ai été reçue. Je n'oublierai jamais la joie que j'ai ressentie lorsque j'ai vu mon nom sur la liste des admis. J'ai tout de suite pensé à ma mère et à ma grand-mère à Orekhovo. Comme elles allaient être fières, même si elles n'avaient jamais entendu parler de Sciences-Po ! Je leur dirais que les étudiants moscovites parlent de cette institution avec envie, que la plupart des présidents de France en sortent, ainsi qu'un ancien secrétaire général de l'ONU. C'est pas que l'ONU ait bonne presse chez moi puisque notre calvaire ne fut pas débattu une seule fois au Conseil de sécurité (présence russe oblige), mais tout de même, ça fait chic pour une villageoise tchétchène !

Dans cette école, j'ai vraiment réussi à m'intégrer. Déjà, j'étais la seule Tchétchène, ce qui ne me laissait pas d'autre choix que d'aller vers les autres et de parler français – heureusement, cossarde comme je suis ! Et puis, nous travaillions en petits groupes dans des conditions royales.

De la fac de Grozny au boulevard Saint-Germain, quelle différence ! J'ai appris à filmer, écrire, faire des reportages radio, monter des séquences audio… J'ai aussi découvert qui étaient Nicolas Sarkozy, Dominique de Villepin, Ségolène Royal ou Bernard Kouchner (encore que, lui, je le connaissais déjà puisqu'il est l'un des parrains d'ESF), en quoi ils étaient différents les uns des autres, pourquoi l'on disait que *Libération* était un journal de « gauche » et *Le Figaro* un journal de « droite »… Cela peut sembler relativement anodin au regard des horreurs de la guerre mais j'étais avide de ce genre de connaissances, pour saisir ces polémiques qui rythment la vie naturelle d'une démocratie européenne.

Quand je pense que c'est juste grâce à l'action et au dévouement de quelques garçons et filles de mon âge que le cours de mon existence a pu changer de la sorte, je refuse qu'on me dise : « C'est triste ce qui se passe en Tchétchénie, c'est honteux que nos gouvernements se taisent, mais nous ne pouvons rien faire pour changer cela. » L'inaction est toujours une décision. On ne peut pas être de tous les combats en même temps, bien sûr. Mais quand on veut faire quelque chose, on peut. Ces jeunes d'ESF n'ont pas arrêté la guerre ni forcé Jacques Chirac à plus de fermeté (ou d'humanité) face à Vladimir Poutine, mais ils ont changé quelques vies et, ce faisant, ont bouleversé les consciences de beaucoup d'autres Tchétchènes. Ils ont prouvé qu'il y a quelque part sur terre, en Occident qui plus est, des gens qui reconnaissent en nous des égaux, des frères en humanité et qui nous aident concrètement. Si l'on fait grandir ce sentiment, nous briserons les murs qui isolent mon peuple et nous sauverons la jeunesse de Grozny des sirènes du désespoir et du fanatisme.

Notre séjour dans le monde libre, si agréable, fut toutefois bouleversé par deux événements qui ont brusquement aboli ce sentiment de normalité qui s'emparait progressivement de nous.

Le premier, c'est la prise d'otages de Beslan, en Ossétie du Nord. Je me rappellerai toute ma vie ces jours de septembre 2004. Une large part des otages étaient des enfants, et la majorité des terroristes, des Tchétchènes et des Ingouches. Je n'oublierai jamais les images de ces petits anges courant nus et hurlant à la mort.

Stupéfaite, j'ai d'abord refusé de croire que des Tchétchènes aient pu s'attaquer à des enfants, transgressant le tabou le plus fondamental de notre culture. Mais il fallut se rendre à l'évidence. C'était la fin du monde. Après dix ans de massacres, les dirigeants russes avaient réussi à nous rendre aussi barbares qu'eux. Vladimir Poutine pouvait être satisfait. Nous étions devenus des mangeurs d'enfants. Les images de l'horreur repassaient en boucle dans mon esprit, effaçant d'un seul coup tous mes repères.

Sans trop y croire, j'espérais que les terroristes relâcheraient ces innocents et que Poutine ne lancerait pas ses troupes à l'assaut. Le scénario de l'apocalypse se déroulait sous nos yeux, implacable. Le FSB a veillé à ce que ni Anna Politkovskaya ni Andrei Babitski[1], les deux seuls Russes

---

1. Anna Politkovskaya et Andrei Babitski sont deux journalistes russes indépendants qui ont bravé les interdits du pouvoir russe pour couvrir la guerre et témoigner de ses horreurs. Ils sont célèbres dans toute la Tchétchénie pour cela. Tous les deux voulurent se rendre à Beslan dès les premières heures de la prise d'otages pour essayer d'aider à la libération des prisonniers du commando. Anna Politkovskaya fut mystérieusement empoisonnée dans l'avion qui devait la conduire en Ossétie du Nord, échappant de peu à la mort. Andrei Babitski fut roué de coups à l'aéroport puis incarcéré pour « hooliganisme » jusqu'au dénouement tragique de la prise d'otages.

pouvant obtenir quelque chose des terroristes, ne puissent se rendre sur place. Et lorsque Aslan Maskhadov proposa de descendre de ses montagnes pour faire libérer les otages, se jetant littéralement dans la gueule du loup, l'assaut fut précipité, dans un chaos inimaginable. Notre univers s'écroulait.

Des Tchétchènes avaient vu des mômes boire leur urine sans être émus, sans faire le lien avec nos propres gamins contraints à la même chose dans les caves de Grozny. Ou bien en pensant que la souffrance de nos enfants légitimaient la leur, ce qui revient au même dans la folie et la cruauté. 370 personnes sont mortes, dont plus de 160 enfants. Nous avions définitivement cessé à mes yeux d'être les bons en lutte contre les mauvais. Cette guerre nous avait tous pourris.

Ma mère m'appela quelques jours plus tard. Elle était bouleversée, comme tous les Tchétchènes. Elle me raconta que des enfants étaient descendus avec leurs mères dans les rues de Grozny, portant des affiches où l'on pouvait lire : *Prenez-nous à leur place*. Elle me raconta les larmes des gens qu'elle croisait, la honte qui les empêchait de parler. En l'écoutant, j'ai compris que l'humanité n'avait pas encore disparu de notre terre et qu'il fallait tout faire pour que cette flamme ne s'éteigne pas. Il n'empêche, il y aura toujours un avant et un après-Beslan.

Le deuxième événement qui nous replongea brutalement dans la guerre fut l'assassinat de notre président Aslan Maskhadov, le 8 mars 2005. J'ai toujours su que je repartirais en Tchétchénie. Cette tragédie transforma ma conviction en évidence absolue. J'ai appris la nouvelle à l'école de journalisme. Un étudiant s'est approché de moi : « Tu as vu ? Il y a un chef de guerre tchétchène qui est mort. Je ne sais pas comment il s'appelait. Machadov, c'est ça ? ».

On avait tué mon père une seconde fois. Maskhadov était notre espoir à tous, l'homme que nous avions librement élu, le chef de guerre qui voulait la paix, l'incarnation d'une solution démocratique pour la Tchétchénie. Nous nous sommes rassemblés ce soir-là dans une chambre de la Cité universitaire. Personne ne parlait. Les photos de son corps, étalé sur le sol comme un chien crevé, défilaient à la télévision. J'ai haï violemment les Russes, qui l'avaient tué, mais aussi les leaders européens, qui n'avaient jamais répondu à ses appels et ne condamnaient pas son assassinat, et les chefs tchétchènes qui avaient constamment sapé son autorité. Les Bassaev, les Baraev, les Oudougov, tous ces hommes qui l'avaient trahi me dégoûtaient profondément.

Maskhadov était mort isolé, abandonné. Sa disparition rappelle à tous les Tchétchènes réfugiés loin de chez eux qu'il y a là-bas un pays à construire, un héritage à assumer, des idéaux à porter. Jouir de l'hospitalité européenne ne suffit pas.

Depuis Beslan et la mort de Maskhadov, une course contre la montre s'est enclenchée. Les pulsions de mort, et l'idéologie wahhabite qui les couvre, les légitime, les exacerbe, font face aux instincts de survie et aux idéaux de liberté qui ne demandent qu'à se réveiller au contact d'une solidarité européenne jusque-là douloureusement absente. Mon choix est fait depuis longtemps déjà mais il appartient désormais à chacun de trancher au plus profond de son âme.

32.

Nouvelles de Tchétchénie

Cité internationale universitaire de Paris, France, été 2004

À Paris, nous restons autant que possible en contact avec Grozny. Ma famille n'ayant ni téléphone ni Internet, c'est difficile. Ma mère réussit à m'appeler de temps en temps. Je parle plus fréquemment avec ma tante de Moscou. Bien que l'on évite de me transmettre les mauvaises nouvelles, quelques annonces de disparitions déchirent mon séjour parisien.

Nous sommes en juillet 2004. Mon portable sonne. Immédiatement, je sens que l'appel vient de là-bas. Et comme à chaque fois, un sentiment de crainte se mêle à la joie. C'est ma tante…

Cela remonte au printemps.

Issa avait mon âge. Je le connaissais depuis l'enfance. Lui et son frère avaient grandi sans père ni mère, élevés par leur tante. Un problème au bras gauche lui donnait une allure étrange et fragile. D'une nature solitaire, il n'aimait pas les foules et parlait peu. Une ironie désabusée le protégeait des autres. Il n'avait pas voulu continuer ses études et se réfugiait dans sa chambre où il s'adonnait à sa passion pour la mécanique et la radiophonie.

Pendant la première guerre, ma grand-mère et moi étions venues boire le thé chez sa tante. Soudain, nous avions entendu des voix de soldats russes. Tout le monde s'était figé et ma grand-mère avait murmuré une prière. Puis la tante avait crié : « Issa ! Éteins-moi ce truc ! » Ces voix sortaient de son récepteur portatif. Il fabriquait des engins incroyables, capables de capter les messages des militaires russes, passant ainsi ses jours et ses nuits entouré des paroles de l'occupant.

Pendant la deuxième guerre, il mit son génie au service des combattants. Sans même le cacher. Ses voisins prédisaient sa mort, se demandant juste quand et comment elle surviendrait. Faute d'avoir pu le convaincre d'arrêter ses activités subversives, sa tante et son frère partirent. Il habita seul jusqu'à ce jour d'avril où les soldats russes encerclèrent sa maison.

Issa résista pendant des heures aux soldats qui le cernaient. À court de munitions et grièvement blessé, il parvint miraculeusement à se glisser chez son voisin qui lui proposa son aide pour quitter le quartier. Mais Issa n'écoutait plus. Il avait déjà choisi. Fuir aurait condamné son frère et les Russes auraient fini de toute façon par retrouver sa trace. Son visage s'est adouci, une lumière intense a jailli de ses yeux.

Il est sorti, droit comme un *i*. Son infirmité avait disparu. Il marcha lentement vers les dizaines de soldats qui lui faisaient face. Les assaillants hésitèrent un instant, comme s'ils avaient peur de ce corps malade criblé de balles. Puis ils ont tiré… et sont repartis, fiers de leur victoire, laissant mon ami étendu par terre.

Nouvelles de Tchétchénie | 173

Nous ressassons de telles histoires à l'infini dans notre belle « Cité U », comme si nous refusions de sortir de notre univers pour pénétrer la normalité parisienne. D'autant que des réfugiés tchétchènes nous rendent visite, charriant avec eux leurs propres lots de souvenirs et de fantômes à mettre au pot commun.

À l'automne 2004, un garçon de vingt-cinq ans, Souleimane, est venu boire le thé dans notre chambre. Invité en France par un club de boxe, il avait perdu son passeport dans le métro. Depuis, il se démenait pour en obtenir un autre, essuyant refus sur refus à l'ambassade de Russie. Nous parlions de la situation à Grozny lorsque Souleimane interrompit nos propos :

– Parlons de choses positives pour une fois. Le monde peut nous sourire à nous aussi. Même pendant la guerre !

– C'est une bonne idée... Trouve donc une histoire tchétchène actuelle qui soit vraie, drôle et belle.

– D'accord. Je vais vous raconter une histoire d'amour, dont je fus le témoin à défaut d'en être, malheureusement, l'acteur.

Souleimane s'est levé et a commencé son récit à la manière d'un conteur traditionnel :

« Cela se passe au début de la deuxième guerre. L'héroïne s'appelle Zina, une jeune fille tchétchène divinement belle. En ce jour de fête, elle franchit le pas d'une immense porte. De longues boucles noires caressent ses épaules blanches comme la neige de nos montagnes... Un sourire merveilleux éclaire son visage. Le doux vent du printemps soulève légèrement la dentelle de sa robe. C'est l'image typique d'un mariage. Sauf que Zina ne quitte pas la maison de ses parents, elle sort de la prison centrale de Rostov.

Comme vous le savez, en Russie, lors de la grande chasse aux "culs noirs" lancée à l'automne 1999, on pouvait être arrêté sans raison sous de multiples prétextes : détention d'armes à feu, liens avec le terrorisme, trafic de drogues, vol de voiture, vente illégale d'alcool... Ils arrêtent la personne, lui mettent un revolver ou un sachet de cocaïne dans la poche et l'affaire est entendue. Sauf si la famille se débrouille pour trouver de l'argent à temps et la racheter.

Je ne sais pas au juste ce qu'ils reprochaient à Zina, mais peu importe. Elle était la seule fille tchétchène incarcérée dans la centrale. Et, dans une prison, tout se sait très vite. La rumeur de sa présence arriva donc aux oreilles de trois garçons tchétchènes détenus dans l'autre aile du bâtiment, Deni, Yusup et moi-même. Nous étions confinés dans la même cellule pour "détention illégale d'armes à feu". Quand on a entendu parler de Zina, on a décidé de la prendre sous notre aile. Elle devait se sentir si seule. Il fallait à tout prix entrer en contact avec elle.

Dans la plupart des prisons russes, il y a ce qu'on appelle le "chat des détenus", un réseau de communication parallèle et secret entre les prisonniers. On fait des trous où l'on laisse des "colis" (des messages). À Rostov, il y en a presque partout, dans les murs, les plafonds, les planchers... On appelle ce réseau de trous le "chemin". Pour que ce chemin fonctionne, il faut des "passeurs", responsables de l'acheminement des colis. Ils sont payés pour porter le colis à destination, garantissant qu'il ne sera pas intercepté par les matons. C'est pourquoi ils exigent que les colis soient petits, afin de les avaler en cas de pépin.

Le "chemin" nous permit d'être en contact permanent avec Zina, sans jamais la voir. Pour Deni, cette relation étrange devint vite plus qu'un simple élan de solidarité avec une "sœur" emprisonnée. Tous les deux n'arrêtaient pas de s'écrire, saturant le chemin au grand dam des "passeurs". Deni les arrosait d'argent pour s'assurer de leur loyauté. L'histoire de leur idylle circulait dans toute la prison. Même les criminels les plus endurcis, souvent racistes, prirent fait et cause pour notre ami.

Deni avait un frère aîné relativement riche, qui faisait des pieds et des mains pour obtenir sa libération, ce qui veut dire qu'il soudoyait quasiment toute la police de Rostov. Au début, Deni enrageait contre son frère, le traitant d'incapable et de radin pour n'avoir pas réussi à le faire sortir. Désormais, il ne lui réclamait plus que des cahiers et des stylos, en plus de la vodka et des roubles pour les "passeurs". L'aîné se demandait quelle mouche avait bien pu piquer son cadet, d'ordinaire peu porté sur l'écriture ou la poésie. Deni n'osait pas lui avouer qu'il était amoureux d'une fille qu'il n'avait jamais vue. On se moquait déjà assez de lui dans notre cellule.

– Mais tu t'imagines, si elle est vieille et moche ?
– Elle a vingt ans !
– C'est ce qu'elle dit !
– Une fille avec une âme aussi belle ne peut pas être "moche". En tout cas je m'en fous, je veux me marier avec elle, même si elle est moche !
– Peut-être que c'est sa voisine de cellule qui écrit ses lettres, peut-être qu'elle ne sait pas écrire…

Deni n'écoutait plus. Il était loin, un sourire extatique aux lèvres, les yeux fixés sur ses bouts de papier. Un tel scénario serait recalé à Hollywood pour irréalisme, n'est-ce pas ?

Au bout de trois mois, au parloir, son frère lui annonça « une très bonne nouvelle ».

— Dans quelques jours tu seras libre. Tout est réglé. J'ai donné ce qu'ils voulaient à ces boucs.

L'aîné s'attendait à tout, sauf à ça : Deni le supplia de rester un mois supplémentaire dans ce cloaque, quitte à payer l'hébergement ! Le grand frère ne comprenait plus rien et s'inquiétait de sa santé mentale.

— Mais qu'est-ce qu'ils t'ont fait ? Ils t'ont rendu fou ! J'ai lu des témoignages. Ça arrive mais ça passe, tu verras.

— Je t'assure que tout va bien. Je veux juste rester trente jours de plus, c'est tout.

— Tu sors demain ! Je me ruinerai s'il le faut mais tu sors demain ! Ne discute plus !

Selon les traditions tchétchènes, Deni ne pouvait ni discuter les ordres de son frère, ni lui confier ses sentiments amoureux. Or, Zina avait trente jours de plus à tirer.

Était-ce la main de Dieu ? le destin ? le hasard ? En rentrant du parloir ce jour-là, Deni croisa une jeune prisonnière escortée par deux grosses matrones. Il sut tout de suite que c'était Zina. Elle était magnifique !

De sa cellule, il lui expédia un dernier colis, une demande en mariage pour le jour de sa sortie. Elle renvoya un simple mot : *Oui*.

Et comme dans les contes, ils se marièrent à la fin de l'histoire. Les enfants vinrent plus tard. »

33.

Auschwitz

Cracovie, Pologne, février 2005

Au mois de février 2005, la Fondation pour la mémoire de la Shoah organise un voyage de deux semaines en Pologne en collaboration avec l'école de journalisme de Sciences-Po. À la veille de notre première visite à Auschwitz, un rescapé du camp s'adresse à nous.

« Demain, à Auschwitz-Birkenau, essayez d'imaginer que vous êtes un jeune de seize ans tout ce qu'il y a de plus normal et que vous entrez dans un univers fait d'odeurs, de promiscuité, de cris, de pleurs. Imaginez la fumée des crématoires et les chiens des SS. Essayez de vous mettre à ma place... »

Charles Baron, en revenant sur les lieux de son calvaire soixante ans après, nous demande l'impossible. Nous ne voyons pas les milliers d'enfants conduits dans les chambres à gaz, les femmes que l'on sépare de leurs maris, les squelettes à demi morts qui s'effondrent dans la neige, nous n'éprouvons pas les *Schlague*[1] des Alle-

---
1. Les matraques.

mands ni les fouets des kapos. Nous ne voyons qu'un grand vide, nous n'entendons qu'un grand silence. Et pourtant nous sentons, je ne sais comment, qu'ici se joua l'épisode le plus honteux de l'Histoire, la scène mère de toutes les souffrances humaines, fussent-elles antérieures. La véritable révélation du mal.

À l'entrée d'Auschwitz-Birkenau, nous sommes montés avec Charles au sommet d'un mirador, sous lequel passaient les chemins de fer venant de toute l'Europe. Les rails s'arrêtent sur une immense place, la place de la sélection : à gauche tu meurs, à droite tu vis.

« Je suis ici pour que vous vous souveniez non pas du vieux monsieur qui vous parle, mais d'eux, de ces milliers d'enfants innocents gazés qui ont foulé cette neige et qui ont été sélectionnés ici. Pour que ces petis anges vivent dans vos souvenirs. »

Baraquements alignés à l'infini, crématoires, chambres à gaz... Un cerveau humain a créé ce monde, mis en place cette machine de mort. Des bras et d'autres cerveaux ont servi de rouages à cette machine, des millions de personnes acheminées de tout le continent l'ont approvisionnée en chair juive.

Dans les bâtiments de briques rouges, des montagnes de chaussures, de chemises, de prothèses, de dents, de lunettes, de valises, et de cheveux de juifs massacrés... Des photos aussi. Une femme serre son enfant dans ses bras, elle marche vers la chambre à gaz en suivant le chemin de la mort. L'enfant regarde l'objectif, ses yeux pleins d'obscurité ne sont plus ceux d'un enfant. Comment me mettre à sa place ? « Penser aux petits anges, me suis-je répété bêtement, penser aux petits anges. »

Dehors, Charles Baron discute avec Annick Kayitesi, mon amie. En 1994, cette magnifique jeune fille rwandaise survécut miraculeusement au génocide des Tutsis. La veille, elle s'interrogeait sur le sens d'une existence entière vouée à la mémoire de ses proches exterminés.

« Charles témoigne depuis cinquante ans. Et, soixante ans après la libération des camps nazis, je pleure sur un autre génocide, celui des Tutsis. Je crois que tout cela est vain. Et je crains de me retrouver dans dix ans à consoler un enfant de Tchétchénie ou du Darfour un autre jour de commémoration. »

Entre le vieux déporté et la jeune survivante, le dialogue s'est vite noué durant ce voyage polonais. Je me suis approchée d'eux pour mieux les écouter. Annick s'adressait à Charles comme à un père.

– Quand je me suis réveillée, sachant qu'on irait à Auschwitz, j'étais terrorisée. Et pourtant je ne m'imaginais pas le début du commencement de l'effroi que suscite ce lieu. Je ne comprends pas, Charles, comment vous faites pour revenir et revenir ici.

– Cela me rend malade. Chaque fois. Mais témoigner est un devoir. Non pas pour rendre le monde meilleur. Juste pour faire vivre la mémoire de tous ces enfants morts, que je porte en moi, pour que le souvenir des petits anges me survive.

– Au Rwanda, c'est le sens de nos cérémonies de rescapés où nous répétons jusqu'à l'épuisement le nom de nos proches disparus. Parce que les oublier serait les tuer une seconde fois… Au bout de dix ans, je n'arrive toujours pas à m'habituer à ce vide. Est-ce qu'on s'y habitue ?

– Ce vide ne te quittera jamais. Des décennies plus tard, il y a des choses que je ne dis toujours pas. Non qu'elles soient indicibles, mais personne ne les comprendrait. Je le sais, je vis avec, aujourd'hui comme hier, peut-être plus qu'hier, même. Tu vivras avec, toujours. Tu ne dépasseras jamais la souffrance. Mais tu vivras.

— Moi, j'ai l'impression que je me sauve par la haine, la colère. Je suis toujours en rage. Vous, vous semblez si doux, si calme, si apaisé...

— Je lutte. Ne crois pas que je n'éprouve pas de haine. J'ai la haine. Le pardon n'est pas quelque chose qui se distribue. Pardonner au nom des morts est impossible. Tu dois juste puiser dans ta haine la force de vivre, ne pas y succomber.

— Je suis heureuse de ce que vous dites sur le pardon. Souvent autour de moi on s'étonne que je ne veuille pas pardonner. Je veux apprendre de vous. Vous aviez le même âge que moi quand c'est arrivé et vous avez reconstitué une famille, vous avez redonné de l'humanité à votre vie...

Charles l'a couvée d'un regard d'une immense tendresse, puis a souri.

— Je ne peux en aucune façon être ton maître à penser, je parle simplement de mon expérience propre. Si tu dois te calmer, cesser de haïr, tu le feras toi-même. Personne n'a le droit de te demander de cesser de haïr. Chacun trace tout seul son chemin pour retrouver confiance... ou non, d'ailleurs...

Il y avait une telle bonté dans cet homme, dans ses paroles, dans sa manière de parler et chacun de ses mouvements... Comment pouvait-il ne pas détester le monde entier ? Pour moi, écouter Charles, c'était comme boire de l'eau fraîche après m'être perdue des années dans le désert. Peut-être était-ce égoïste de ma part mais, malgré toute la tristesse qui se dégageait de ses paroles, il me réchauffait le cœur. Comme si Charles rachetait le monde par sa seule présence.

Il faudra raconter l'histoire de la Shoah aux Tchétchènes. L'éducation soviétique a consciencieusement oublié de nous faire part du génocide des juifs. Pour ne pas sombrer dans la folie, mon peuple doit connaître la souffrance des autres, actuelle, passée ou éternelle. Même si cela peut paraître vain et masochiste, j'en suis convaincue. À travers l'histoire doit se tisser une solidarité des persécutés, des gens dont la mort n'émeut guère le reste du monde.

34.

Retour en Tchétchénie

Frontière entre la Tchétchénie et l'Ingouchie, juillet 2005

À l'été 2005, je retournai pour la première fois en Tchétchénie après deux années passées en France. J'oscillais entre la joie de revoir les miens et la peur de ne pas en retrouver la moitié, les souvenirs d'une enfance heureuse et la mémoire de la guerre, l'envie de partager mon expérience du monde libre et la honte d'avoir vécu cette chose interdite à mon peuple : la normalité.

Notre bus s'arrête devant le Kavkaz Post, le grand check-point qui sépare la République d'Ingouchie, terre d'une paix de plus en plus fragile, et la Tchétchénie, théâtre d'une guerre qui ne dit pas son nom. Les gens se taisent. Le chauffeur prend la parole :

– Mettez de l'argent dans vos passeports, nous éviterons les problèmes et nous irons plus vite.

Tout le monde est au courant, mais le rappeler est devenu une tradition, une sorte de « bienvenue en Tchétchénie ». Un soldat apparaît et collecte les passeports. Tous les hommes sortent pour être contrôlés et fouillés. On attend. Une imposante militaire monte finalement dans le bus avec nos papiers. Elle se dirige vers une adolescente. La jeune fille n'a pas de passeport. Sa mère tente d'expliquer que l'Administration traîne à lui en délivrer un. La soldate n'écoute pas et saisit la fille.

Une femme d'une quarantaine d'années se lève et proteste. Son grand corps maigre, son visage grave couvert de rides et ses mains calleuses témoignent d'une vie dure. L'atmosphère se tend, les voyageurs lui font signe de se taire. La soldate embarque la protestataire, l'adolescente et la mère. Tout le monde baisse la tête.

Le bus reste planté là de longs moments. Les trois femmes reviennent. Elles ont payé cher leur droit de passage. Nous démarrons. Au bout de quelques minutes, la protestataire brise le silence pesant et engage une très brève discussion, la seule de tout le voyage.

– On ne doit plus supporter cela...

– On a vu où cela mène de gueuler. Regarde notre pays par la vitre...

– C'est déjà une chance qu'ils vous aient laissées repartir. S'ils avaient gardé sa fille, tu aurais eu les deux mille dollars pour la racheter ? Et toi, qui t'aurait rachetée ?

Retour au silence. Nous approchons de Grozny. Nous traversons d'autres barrages. Le chauffeur tend machinalement les mêmes documents avec d'autres billets glissés dans les pages. À l'intérieur de la ville, aux checkpoints, les soldats demandent simplement au chauffeur de leur rapporter des cigarettes, de la vodka et du pain. Il acquiesce et nous passons sans contrôle : signe de cette « normalisation » tant vantée par le Kremlin ou simple grève du zèle d'appelés en grogne ?

On roule dans l'ancienne rue Lénine, rebaptisée rue Akhmad-Kadyrov. Nous arrivons sur la place de l'ancien palais présidentiel. À l'emplacement du palais rasé, je découvre la statue colossale du même Akhmad Kadyrov, un chapeau caucasien vissé sur le crâne et des chapelets plein la main. Au centre des ruines « intactes » de Grozny (on a coutume de dire que, malgré les milliards promis pour la reconstruction, les ruines sont les dernières choses « intactes » du pays), des miliciens armés jusqu'aux dents surveillent ce monument flambant neuf vingt-quatre heures sur vingt-quatre pour que personne ne le fasse sauter. Cette mascarade serait ridicule si elle n'était tragique. Nous revenons à marche forcée à la pire époque du soviétisme.

Je regarde mes voisins pour saisir quelques réflexions ou quelques expressions. Rien. Les gens de Grozny ne se parlent plus comme avant. Ils ont peur. Le bus, cette agora tchétchène, n'est plus qu'un corbillard d'ombres muettes et lasses. Il y a quelques années, sous les bombes, dans les caves bondées et humides, je pensais que rien ne pourrait être pire. J'avais tort. Les bombardements massifs et les grands combats ont certes disparu, mais la terreur n'a cessé de croître. Et la politique de « tchétchénisation » du conflit a semé le chaos dans les esprits. Les milices locales rivalisent désormais de cruauté avec l'armée fédérale. Les choses étaient plus simples sous les bombes lorsque nous étions les bons et, eux, les méchants.

Par la vitre du bus, j'observe ma chère ville. Tout est gris. Les posters géants de Vladimir Poutine embrassant Ramzan Kadyrov, le « fils de la statue » (on le surnomme ainsi), sont les seules notes de couleur. C'est peut-être cela l'enfer, un monde où tout est gris sauf les photos d'un ancien agent du KGB félicitant son larbin.

Les ruines familières du centre-ville sont hantées de fantômes. Je me souviens que, peu de jours avant mon départ pour la France, Issa se promenait avec moi parmi les squelettes des maisons. Combien d'autres amis ai-je perdus pendant ces deux ans d'absence ? C'est ma grande question.

Je pénètre dans l'immeuble où j'ai vécu pendant la deuxième guerre. Ma mère m'attend dans la cour. Elle m'embrasse, très émue. Elle semble au bord des larmes et embraie sur un sujet pratique, me disant qu'elle préfère désormais loger chez la voisine. Des miliciens lui ont signifié de but en blanc que notre appartement ne nous appartenait plus. Le fils d'un proche conseiller de Kadyrov a décidé que notre trois-pièces lui plaisait. Ma mère s'étonne : pourquoi suis-je choquée ? Il arrive des histoires tellement pires.

Quelque chose me déçoit dans l'accueil de ma mère. Elle me semble bizarre, pas dans son assiette. Je n'ose pas l'interroger mais un mystère plane sur nos retrouvailles, un non-dit qui instaure une distance étrange entre nous.

Elle insiste pour qu'on se rende au village malgré la nuit qui tombe déjà. Je m'étonne de plus en plus.

— Il est trop tard pour aller si loin ! Et le couvre-feu ?

— Nous n'avons plus de couvre-feu officiellement, Milana. Partons maintenant.

Je la suis, perplexe. En même temps, j'ai hâte de découvrir la fille de mon frère, ce bout de chou de neuf mois que je ne connais pas encore, d'offrir les cadeaux que j'apporte à mes proches, et surtout de montrer à ma grand-mère qu'elle avait tort de penser qu'on ne se reverrait plus.

Malgré ses maisons encore détruites et sa route défoncée, Orekhovo semble revivre. Quand je pénètre chez nous, tout le monde est là, sauf ma grand-mère. Maryam, le bébé me scrute avec ses grands yeux verts.

Elle est si mignonne que j'en ai les larmes aux yeux. Pourquoi ma grand-mère ne vient pas me sauter au cou ? Je me tourne vers maman pour demander où elle se cache. À cet instant, mon autre grand-mère, maternelle, entre dans le salon. Je l'embrasse le plus fort possible. Je suis ravie, mais quelque chose grippe. Rien ne se passe comme prévu. Ils semblent tous gênés de me voir. Suis-je devenue une étrangère pour eux ? Mon grand-oncle se met debout et commence à dire une bénédiction. Je lève machinalement les mains et prononce un « amen » hésitant.

– Milana, ta grand-mère n'est plus avec nous. Il y a quatre mois... elle... enfin tu vois...

Je pars dignement et fonds en larmes. Je pleure comme jamais. Ma grand-mère maternelle me rejoint, s'assied à côté de moi et dit d'une voix douce :

– Milana, ce n'est pas tout, grand-père aussi est mort.

Ma mère s'approche à son tour, puis tente de m'expliquer pourquoi elle ne m'a pas avertie plus tôt. Elle craignait que ce ne soit trop dur pour moi, toute seule, si loin, à l'étranger. Ma pauvre mère, comme toujours, avait voulu me protéger. Cela n'aurait rien changé de toute façon. J'ai distribué machinalement les cadeaux que j'avais mis des heures à choisir pour eux. Ma babouchka était partie, son eau de Cologne et sa chemise de nuit ultrachic me restaient sur les bras.

C'était ma confidente, celle à qui j'avais rêvé de raconter tant de choses, celle à qui j'avais tant de questions à poser. Elle m'avait demandé de noter dans un cahier les moindres détails de mon existence parisienne. Elle était si curieuse et tellement fière de moi...

Mes deux mois ne pouvaient pourtant pas se passer

dans la tristesse. Je devais me ressaisir, pour ma mère, pour mon frère, pour mes amis, pour moi. Il fallait que je profite de mon séjour.

Des amis d'enfance me rendirent visite en délégation. Passées les condoléances d'usage, la première question fut : « C'est vrai qu'ils pensent que nous sommes tous des terroristes là-bas ? » Je jurai que c'était faux, que les médias russes mentaient, que beaucoup de gens essayaient de nous aider en Europe. Ils furent surpris. La seule chose qu'ils connaissaient de la politique occidentale, c'étaient les accolades de Bush, Chirac, Shroeder ou Berlusconi avec Poutine. Elles passent en boucle à la télé, accompagnées de commentaires du genre : « Le président de la République française appuie notre action antiterroriste dans le Caucase », « Le chancelier allemand félicite la Russie pour sa détermination à combattre le terrorisme et à poursuivre les réformes démocratiques »... C'est la « famine de l'information », comme disent les jeunes de mon village. Je leur raconte l'Europe, la paix, la culture de la démocratie. Ils ont l'air intéressé, mais restent dubitatifs, ne comprenant pas comment de si magnifiques nations peuvent entretenir des liens amicaux avec la Russie.

De toute façon, ils sont surtout avides de détails sur la vie des jeunes Français : quelle musique écoutent-ils ? Quels habits aiment-ils porter ? Comment sont leurs universités ? Le Louvre et la tour Eiffel sont-ils aussi fascinants qu'on le raconte ? Ai-je croisé des stars dans la rue, comme Pierre Richard, Belmondo, Delon, Depardieu ou Patricia Kaas ? Les filles françaises sont-elles toutes minces, avec de longues jambes et de grands yeux ? Lave-t-on vraiment les rues de Paris chaque matin avec du shampoing de luxe ?...
Et enfin : ai-je l'intention de vivre en France ?

– Non, bien sûr que non. C'est beau mais ce n'est pas mon pays. Je vais rentrer et travailler, utiliser ici tout ce que j'ai appris là-bas.

Je leur parle « d'Études sans frontières », de ces jeunes de notre âge qui donnent tout leur temps juste pour nous aider. Leurs yeux s'allument. Je vois que cette fois j'arrive à les convaincre que nous ne sommes pas seuls au monde. Un espoir est né qu'ils cachent aussitôt au plus profond de leur âme, craignant de le voir trahi une fois de plus.

– Oui, étudiez sérieusement, toi et tes amis. Et revenez, nous avons besoin de vous…

– Nous avons tous besoin les uns des autres…

Ça sonne un peu soviétique en le disant mais c'est vraiment ce que je pense. À mon tour, je les questionne. Je raconte que les soldats russes m'ont semblé moins violents aux check-points. La situation ne serait-elle pas en train de s'améliorer un peu ? Ils se sont regardés et ont souri.

– Ça se voit que tu as passé deux ans loin d'ici. Ceux des check-points font moins chier, c'est vrai. Les pires sont dans leurs bases militaires et ne sortent plus que pour les nettoyages.

– Les nettoyages sont plus ciblés. Ils débarquent de nuit dans une ou deux maisons et enlèvent ceux qui ont de l'argent, ceux qui ont dit un mot de travers ou ceux qui ont un quelconque rapport familial avec un combattant, mort ou vivant. Leur système d'espionnage s'est beaucoup amélioré, en particulier grâce aux collaborateurs. C'est comme sous Staline, tu dis que la vie est chère, que les autorités sont corrompues ou que Kadyrov est un criminel inculte et hop ! une nuit, tu disparais.

– Même au village où c'est plus calme qu'ailleurs, Ismaïl a été enlevé voilà dix jours. Sa mère et sa femme sont désespérées. Si au moins on savait où ils le détiennent, on trouverait l'argent pour le racheter. Mais personne n'a la moindre information.

Dix jours plus tard, mon voisin Ismaïl est retrouvé mort sur la route. Il a des traces de torture partout sur le corps. Son cadavre n'a plus ni oreilles, ni ongles, ni dents. Son foie et ses reins ont disparu et une grossière couture traverse son corps.

Je ne vois pas Nourbika parmi mes amis – je lui ai rapporté comme promis du parfum français. Mon cousin me prend à part et m'annonce qu'elle n'a plus besoin de mon cadeau. Un jour, elle est partie dans la forêt en compagnie de sa sœur pour cueillir des herbes et les revendre au marché. La famille de Nourbika est pauvre, cela lui permettait de gagner quelques sous. Après de longues heures de travail, toutes deux décidèrent de se reposer et de manger un peu. Nourbika n'a pas eu le temps d'avaler son premier morceau de pain. Des soldats russes passaient par là, ils ont tiré sur elles. Comme ça, sans raison. Sa sœur a survécu. Pas Nourbika. C'est le quatrième enfant que sa mère enterre.

Nourbika était une jeune fille minuscule aux immenses yeux noirs, une petite poupée. Elle est morte. Pourquoi ? Pour avoir cueilli des herbes le mauvais jour ? Pour avoir pris sa pause-déjeuner au mauvais moment ? Pour avoir croisé un soldat qui avait bu de la mauvaise vodka ou s'était tout simplement levé du pied gauche ?

Pour rien.

35.

Grozny, 2005

Grozny, Tchétchénie, été 2005

Retour à Grozny. Dans la cour de l'immeuble, rien ne semble avoir changé en deux ans. Le même moteur monte l'eau dans le même boyau. Tetya, Sveta et les autres babouchkas trônent sur leurs chaises près de l'entrée, les vitres sont toujours remplacées par du plastique, les ordures brûlent dans un coin faute d'être collectées, les femmes rentrent comme d'habitude du marché avec leurs sacs énormes, le linge pendu aux balcons donne encore à Grozny un air de vieux film napolitain en noir et blanc…
Lida, ma voisine, est aussi belle qu'avant. Sauf qu'elle a trois filles au lieu de deux. Quand elles sortent toutes les quatre dans la rue, au milieu des ruines, on dirait une gravure de mode. Quelle classe ! Quelle différence entre Lida et ces femmes qui balancent leurs détritus par la fenêtre ! Elle refuse la poubelle où l'on a enfermé les Tchétchènes à double tour, alors que ces femmes s'y résignent. On ne peut pas leur en vouloir, mais permettez-moi de voir en Lida et les autres coquettes de Grozny un exemple

d'humanité. Passer des heures à se maquiller à Paris, c'est superflu, voire ridicule. En Tchétchénie, c'est essentiel.

Je m'installe sur une chaise longue pour attendre Fatima, une amie de l'université. Les enfants jouent. C'est fou comme ils grandissent vite ! Dans leur vie, ils n'ont connu que ces ruines. Que vont-ils devenir ? Cela me fait peur. Coupée du monde, vendue à l'empire pour du gaz et du pétrole, laissée seule face à l'armée et aux milices, privée d'éducation, que deviendra la jeunesse tchétchène ? J'ai eu la chance d'avoir eu une vie avant la guerre, d'avoir en tête les souvenirs des temps heureux. Pour moi, l'horreur est anormale, révoltante. Pour eux, elle est la norme. Connaîtront-ils jamais le sens des mots paix et liberté ?

Fatima, en arrivant, m'arrache à mes funèbres pensées. Je suis ravie de la voir. C'est la fille la plus drôle de notre bande. « Alors les grenouilles, c'est bon ou pas ? » fut sa première question.

Nous décidons d'aller à l'université. Je suis étonnée de la voir reconstruite. Cela ne change rien au fait que les étudiants manquent, de livres, d'ordinateurs, de professeurs, surtout de sécurité… et de repères. Chaque année, la corruption gangrène un peu plus le système universitaire. Tout s'achète ou se prend de force : les notes, les diplômes, les places réservées aux étudiants tchétchènes dans certaines facultés de Russie… J'interroge Fatima là-dessus.

— Des hommes armés ont entouré la fac, sont entrés, se sont inscrits ou ont inscrit leurs proches dans les programmes d'élite. Les places restantes sont mises aux enchères et raflées par les familles les plus riches.

— Il faut faire quelque chose !

— On peut changer de pays ! Et encore, ça ne suffirait pas, il faudrait aussi changer d'envahisseur !

Comme il n'y a personne à la faculté en cette fin de

mois de juillet, nous partons au marché. Je veux voir si l'on peut trouver des journaux. Je m'approche d'une femme dont l'étal fait office de librairie municipale.
– Bonjour. Vous avez un journal indépendant ?
– De quoi parles-tu, ma fille ? Non, on ne vend pas de journaux indépendants ici, prends ça si tu veux lire, me répond-elle à voix haute en me tendant une feuille de chou du nouveau régime.
Puis elle ajoute à voix très basse :
– On vendait des journaux libres avant, mais ce n'est plus possible, tu comprends... Même les journaux russes ne passent pas tous la censure ici. Et Dieu sait que leurs journaux ne sont plus très critiques ! Fais attention à toi avec tes questions. Tu vis sur la Lune ou quoi ?
J'achète tout ce qu'elle a. Pas un journal qui ne parle pas de la grandeur du pouvoir. Dans le marché, je découvre des tee-shirts à l'effigie de Ramzan Kadyrov. J'apprends qu'une chanteuse qui glorifiait hier l'Itchkérie se trémousse désormais lors de l'anniversaire du « fils de la statue ». On expose d'ailleurs sur la plupart des étals les cassettes de cette fête, diffusée en prime time à la télé. La Tchétchénie a un nouveau chef et il s'affiche. J'en ai la nausée.
Le lendemain, je me rends dans le PVR[1] de Grozny, où vivent les réfugiés qui ont été forcés de rentrer d'Ingouchie. Je pénètre dans un bâtiment délabré et croise Zaynap dans un couloir. Elle vit là depuis un an et travaille comme responsable de l'enregistrement des nouveaux arrivants. Pour qu'elle accepte de parler, je lui dis

---

1. Logements sociaux mis temporairement à la disposition des réfugiés chassés d'Ingouchie lorsque les autorités russes décidèrent que, la situation étant officiellement « normalisée » en Tchétchénie, leur présence dans cette République limitrophe ne se justifiait plus.

que je repars bientôt en France et que ses propos sont destinés à l'étranger. Son regard s'éclaire. Elle me conduit dans sa chambre.

    – De quoi avez-vous besoin ici ?
    – Demande de quoi on n'a pas besoin, ce sera plus rapide. 237 familles vivent ici, soit 1 250 personnes pour 256 chambres. Il n'y a pas d'eau, pas d'électricité. Les enfants sont malades. Les gens n'ont pas de travail, donc pas d'argent. Et il n'y a pas d'ONG étrangères comme en Ingouchie. Là-bas, on vivait dans des wagons bondés ou dans des tentes, mais des gens nous aidaient. Il y a ici 63 orphelins, des invalides et des vieillards. L'Administration s'en fout.

    Moi-même, je suis invalide, comme mon mari. Nous avons beaucoup d'enfants. Notre maison a été détruite, je la vois chaque jour d'ici, mais je n'ai pas un kopeck pour la reconstruire. Le gouvernement a promis une aide. On l'attend toujours. Et puis on m'a dit qu'il fallait rendre entre 30 % et 50 % de la somme remise aux fonctionnaires qui te la versent. Et moi, ça m'ennuierait de nourrir des traîtres.

    Kheda, la responsable de l'aide médicale, entre alors dans la chambre. Elle prend la parole :

    – Il faut aussi parler de la situation sanitaire ! Ici, si tu chopes la fièvre, tu peux crever. Il n'y a aucun médicament pour soigner les enfants depuis près d'une année. Normalement, c'est l'hôpital numéro 2 qui doit nous les fournir, mais eux-mêmes manquent de tout. Quand, par bonheur, on reçoit un sachet ou une boîte de pilules, tu peux être certaine que c'est périmé depuis Brejnev…

    En l'écoutant, j'aperçois à travers la fenêtre une vieille femme assise sur une chaise dans la cour. Elle me rappelle ma grand-mère. Je demande à mes interlocutrices qui elle est.

– Ah! c'est Leyla. Elle passe toutes ses journées assise sans bouger. Cela me fend le cœur. Si tu veux, on peut aller la voir.

Leyla a soixante-quinze ans. Elle nous accueille avec un sourire las et nous parle d'une voix calme. Sa vie résume à elle seule l'histoire cyclique de la Tchétchénie. Déportée à quatorze ans le 23 février 1944, elle perd toute sa famille au Kazakhstan. Puis elle se marie et a deux fils. Son mari meurt. Elle rentre en 1957 seule avec ses enfants. Les Russes qui occupent sa maison refusent de la lui rendre. Elle travaille dur pendant trente-cinq ans pour réussir à s'offrir un appartement en 1992. Il est détruit en janvier 1995 lors des combats à Grozny.

« Au moins, la première invasion m'a laissé mes deux fils », souligne-t-elle, comme nostalgique de ce temps béni. En 1996, c'est la paix. Elle reconstruit son logement. En 1999, son immeuble est complètement rasé dès les premiers bombardements de la deuxième guerre. Et cette fois-ci, les soldats russes lui volent un fils, mort sous la torture dans un camp de filtration.

Leyla, qui a narré jusque-là avec humour et distance ses souffrances, s'arrête tout net. L'habitude de l'horreur ne prépare pas à tout. Puis elle reprend : « Aujourd'hui encore, les soldats viennent chaque nuit et frappent à la porte pour voir si nous sommes là. Je ne dors pas. J'attends ces coups sur ma porte. J'ai peur qu'ils prennent mon deuxième fils. Je n'ai plus la force d'enterrer les miens. C'est ce que j'ai fait toute ma vie. »

Je ne sais pas combien de temps nous avons parlé. En écoutant les trois femmes du PVR, j'ai peur de leur avoir donné de faux espoirs. Même si je publie tout cela, à quoi cela servira-t-il ? Les lecteurs vont se dire que c'est horrible et c'est tout. Je pense sincèrement que le témoignage est nécessaire. Sinon je n'étudierais pas le journalisme, je ne multiplierais pas les conférences et je n'écrirais pas ce livre. Mais que vaut une parole ? Est-ce que cela a déjà rendu un fils à une mère ? un père à un enfant ? Est-ce que cela soignera les orphelins du PVR ? Est-ce que cela libérera un seul homme des camps de filtration ? Non.

En France, je n'arrête pas de raconter la Tchétchénie. Nul ne sait combien cela m'est difficile. J'essaie d'être au plus près de la vérité mais chaque fois je me rends compte que je n'ai pas su transmettre la réalité de la guerre. Je ne trouve pas les mots pour le faire. Peut-être n'existent-ils pas ? Mes amies françaises me demandent souvent si je n'en ai pas assez de parler de mon pays. Bien sûr que j'en ai assez ! Et à un tel point ! Mais la vraie question n'est pas là. La vraie question, celle qui m'ébranle, c'est : cela sert-il à quelque chose ? J'en doute. Et pourtant je sais qu'il faut continuer. Pour ceux qui n'ont pas le droit à la parole. Et puis, ceux qui se sont sacrifiés ont dû douter de l'utilité de leur mort. Cela ne les a pas empêchés d'offrir leur vie à la liberté. Je peux bien gâcher ma salive ou mes neurones.

36.

La fête

Avant mon retour en France, mes amis de l'école d'Orekhovo organisent une petite fête en mon honneur dans une clairière au bord de la rivière où les femmes, par une nuit glaciale de décembre 1994, avaient prié la « Mère de l'eau ».

Nous nous amusons tels des gamins, comme autrefois. Nous avons chipé du bois chez le père de ma copine d'école Dina pour faire des *chachliks*[1]. Ça nous fait beaucoup rire, car il est célèbre pour sa radinerie. Le soleil tape dur. À l'ombre des arbres, nous avons étalé une nappe sur le sol, puis, allongés sur l'herbe, nous avons entamé le festin.

Rizvan, le spécialiste ès chachlik se plaint d'être exploité et de nous entendre rire dans son dos. C'est l'âme de notre bande, l'organisateur de nos festivités. Il a installé une petite chaîne pour avoir de la musique et nous propose un *lovzar*. Ce sera pour plus tard, car pour l'instant, Muslim, un peu pompette, gratte sa guitare. Il compose des chansons sur l'amour, la mort, la guerre ou la paix,

---

1. Brochettes caucasiennes de mouton ou de bœuf.

avec la même délicatesse et la même retenue. C'est un musicien talentueux et un artiste complet. À l'école, on admirait tous ses dessins. S'il avait eu la chance de naître ailleurs ou à une autre époque, Muslim aurait fait un malheur.

On évoque nos souvenirs d'enfance. Zaira se plaint d'avoir perdu son fameux «Khan Manuel», le petit Adam qu'elle persécutait sur les bancs de l'école. Réfugié en France, il l'a laissée «désœuvrée», comme elle dit. Pas pour longtemps apparemment, puisqu'elle a trouvé en Mourad une nouvelle cible pour ses assauts de tendresse délirants. Elle lui fait promettre publiquement de l'épouser. Nous exigeons une date. Mourad bredouille, quitte la «table» pour rejoindre Rizvan aux chachliks, sous les huées générales.

Je contemple mes amis pleine d'admiration et d'amour. Ils sont beaux. Ça fait onze ans qu'ils ne voient que la guerre et la violence, et ils n'ont rien perdu de leur joie de vivre. Je les filme à tour de rôle avec ma petite camera pour emporter avec moi une trace de leurs visages heureux.

Chacun d'entre eux traîne bien entendu ses fantômes et ses plaies. Le fiancé de Dina est parti combattre dans les montagnes il y a deux ans. Elle l'attend encore. Zoura a perdu son père, victime d'une crise cardiaque. Comme cela s'est produit juste après le couvre-feu, on n'a pas pu le transporter à l'hôpital et il s'est éteint une heure avant le lever du jour. Puis Zoura a vu son bébé d'un an mourir faute de soins. Les deux frères de Shamkhan ont été tués. Maryam est enceinte, mais son mari milicien a fui, poursuivi par les Russes pour avoir refusé de participer à un nettoyage et pour s'être battu avec un soldat. Le frère d'Oksana, torturé dans un camp de filtration, fut racheté par sa famille. Il a quitté la Tchétchénie... Stop.

Pas une plainte ne sort de leur bouche. Je me fais la réflexion qu'il y a quand même quelque chose de noble en nous, quelque chose de spécial que les Russes n'arriveront pas à détruire.

Deux jours plus tard, je dis au revoir aux montagnes magnifiques du Caucase et aux gens dignes qui les peuplent. Plus que jamais, j'aime mon pays.

Épilogue

Dans l'avion qui me ramène à Paris, je pense à ma mère.
Née en déportation, elle a grandi auprès de son père divorcé, un homme très sévère. Aînée de la famille, elle a dû s'occuper de ses frères et sœurs.
Bien qu'elle n'ait jamais eu la chance d'étudier au-delà de l'école primaire, elle s'exprime avec l'intelligence d'un savant et se conduit avec la tempérance d'un sage.
Elle s'est sacrifiée pour mon frère et pour moi, s'est tuée à la tâche pour que nous puissions faire des études.
Le fil doré de mon existence, c'est elle qui l'a tissé. Cette femme que je laisse une fois de plus derrière moi, à qui je dois tout et qui, véritable Tchétchène, n'a jamais trouvé les mots pour se plaindre.

Remerciements

à Laure, Aurelia, Raphaël et tous les jeunes « d'Études sans frontières » qui m'ont fait connaître la France, à tous ceux qui les soutiennent dans leur action, tellement importante pour mon peuple ;

à Jean-Claude Lescure et à l'école de journalisme de Sciences-Po ;

à tous les journalistes qui ont risqué leur vie pour témoigner des horreurs de la guerre.

Annexes

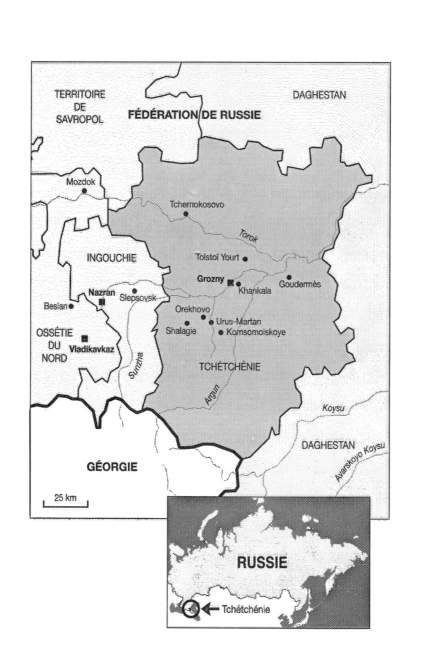

Chronologie

1785-1791: Le cheikh Mansour mène la guerre de résistance à la colonisation du Caucase lancée par Catherine II.

1818: Les « guerres du Caucase » s'étendent et sous les ordres du général russe Ermolov tournent à l'extermination. La population tchétchène passe de 700 000 à 60 000 personnes.

1859: L'imam Shamyl qui avait unifié Daghestanais et Tchétchènes dans la lutte contre la colonisation russe se rend. La Tchétchénie est annexée à la Russie impériale.

1921: La Tchétchénie est intégrée par la Russie soviétique, après une éphémère « République indépendante des montagnes ». Certains Tchétchènes résistent à la soviétisation jusqu'au début des années 1940.

1944: Accusés mensongèrement par Staline de collaboration avec les nazis, les Tchétchènes et les Ingouches sont déportés le 23 février en Asie centrale. Un tiers de la population (environ 170 000 personnes) périt dans les convois. La République autonome de Tchétchéno-Ingouchie fondée en 1936 est abolie.

1957: Un décret de réhabilitation des « peuples punis » rétablit la République. Les Tchétchènes regagnent la Tchétchénie où de nombreux Russes et Ukrainiens se sont établis entre-temps.

1991: Élu président en octobre, Djokhar Doudaev déclare l'indépendance le 1er novembre. Moscou juge cette autoproclamation illégale et impose l'état d'urgence le 8 novembre. En décembre, l'Ingouchie se sépare par référendum de la Tchétchénie.

Chronologie | 207

1992 : Les Tchétchènes refusent de signer le traité de la Fédération de Russie, qui cimente les nouvelles relations entre la Russie et ses provinces, et adoptent le 12 mars leur Constitution. La Russie retire ses troupes des bases de Tchétchénie.

1993 : Doudaev dissout le Parlement tchétchène en avril et refuse la participation de la Tchétchénie aux présidentielles russes ainsi qu'au référendum sur l'adoption de la nouvelle Constitution en décembre.

1994 : L'opposition, appuyée par le pouvoir russe, tente un coup de force contre le président en novembre. Le 11 décembre 1994, les troupes russes entrent en Tchétchénie. C'est le début de la première guerre de Tchétchénie.

1995 : Après un mois d'intenses bombardements, les forces russes prennent le palais présidentiel de Grozny le 19 janvier. En avril, le village de Samashki est le théâtre d'exactions massives des troupes russes. La prise d'otages menée par Chamil Bassaev à Boudionnovsk en juin, au sud de la Russie, débouche sur un accord de cessez-le-feu. Mais la reprise des combats en août suspend le retrait russe signé en juillet. Le 14 décembre, Dogou Zavgaev, ancien Premier secrétaire du Parti, est élu « chef de la République » dans une élection organisée par Moscou avec 95 % des voix.

1996 : Le 19 janvier, un commando tchétchène prend 2 000 otages à Kizliar (Daghestan) et se replie à Pervomayskaya. Les bombardements redoublent d'intensité au printemps, alors que le Conseil de l'Europe accueille la Russie en son sein. Djokhar Doudaev, tué par un missile russe le 22 avril, est remplacé par Zelimkhan Iandarbiev. L'accord de cessez-le-feu, signé fin mai par Eltsine et Iandarbiev (avant les élections présidentielles de juin), n'est pas respecté. Le 6 août les boeviki (combattants) reprennent Grozny. Aslan Maskhadov, alors chef d'état-major, conclut le 31 août à Khassaviourt avec le général Lebed un accord de paix (la question du statut de la Tchétchénie doit être décidée par référendum avant fin 2001). La première guerre de Tchétchénie prend fin. Elle aura fait près de 80 000 morts.

1997 : Les dernières troupes russes quittent la Tchétchénie le 5 janvier Maskhadov est élu président avec 59,3 % des voix devant Bassaev (23,5 %) le 27 janvier, sous contrôle de l'OSCE. Un accord de paix est signé avec Moscou le 12 mai, qui doit écarter « pour toujours » le recours à la force.

1998 : Chamil Bassaev est chargé de former le nouveau gouvernement d'une République rongée par une économie délabrée, par une criminalité galopante sur fond de montée d'intégrisme religieux et de rivalités entre chefs militaires. En juillet, Maskhadov est victime d'un attentat et de violents affrontements opposent à Goudermès légalistes et islamistes. En décembre, quatre techniciens des télécoms occidentaux sont décapités.

1999 : Sous la pression des islamistes, Maskhadov introduit la charia. L'incursion au Daghestan en août emmenée par Bassaev et Khattab et les attentats perpétrés en septembre en Russie offrent au Kremlin le prétexte d'une seconde intervention militaire. Échaudée par sa défaite cuisante de 1996, l'armée russe procède à des bombardements dès le début du mois de septembre, pour pénétrer en Tchétchénie le 1er octobre. Les bombardements massifs jettent sur les routes quelque 250 000 civils qui trouvent pour la plupart refuge en Ingouchie. Une colonne de réfugiés est bombardée le 29 octobre et Goudermès, la deuxième ville de Tchétchénie tombe en novembre. Le 6 décembre, un ultimatum enjoint la population de Grozny de quitter la ville avant le 11, sous peine d'être considérée comme terroriste et exterminée. La vallée de l'Argoun est prise, coupant les frontières avec la Géorgie.

2000 : En février, les forces russes prennent Grozny ; les premières informations sur les massacres de civils et les camps de filtration parviennent en Occident. En avril, l'Assemblée parlementaire du Conseil de l'Europe suspend le droit de vote de la Russie. En juin, le nouveau président Vladimir Poutine, élu le 26 mars, place la Tchétchénie sous administration présidentielle directe et nomme le mufti de Tchétchénie Akhmad Kadyrov chef de l'administration tchétchène prorusse. Poutine refuse les offres de négociations proposées par Maskhadov et la guérilla se poursuit.

2001 : En janvier, la direction de l'« opération antiterroriste » en Tchétchénie est transférée au FSB et le Conseil de l'Europe restitue son droit de vote à la Russie. Le 11 septembre, Poutine téléphone à Bush et l'assure de son entier soutien dans sa lutte contre le « terrorisme international ». Des pourparlers directs entre les émissaires du Kremlin et de Maskhadov, Kazantsev et Zakaev, ont lieu pour la première fois le 18 novembre mais ne débouchent sur rien.

2002 : À partir du mois de mai, les réfugiés en Ingouchie risquent un retour forcé en Tchétchénie. Un hélicoptère russe est abattu près de Grozny le 19 août, faisant plus de 100 morts. Pour la première fois, le conflit s'étend en Ingouchie, près de Galachki en septembre. Le 26 octobre, la prise d'otages d'un théâtre moscovite par un commando d'une cinquantaine de Tchétchènes se dénoue dans un assaut meurtrier des forces spéciales. Le 27 décembre, deux véhicules piégés explosent devant le bâtiment de l'Administration prorusse de Grozny.

2003 : Le 23 mars une nouvelle Constitution est adoptée lors d'un référendum dont les résultats (80 % de participation et 96 % de « oui ») sont contestés par tous les observateurs indépendants. Lors de sa session d'avril 2003, le Conseil de l'Europe, qui avait refusé d'envoyer des observateurs lors du référendum, demande la création d'un tribunal pénal international ad hoc pour la Tchétchénie. En mai, deux attentats suicide ont lieu à Znamenskoe (contre le siège du FSB) et à Iliskhan Yourt (contre le chef de l'Administration tchétchène prorusse Akhmad Kadyrov).

Le 5 octobre, un simulacre d'élections présidentielles fait de Kadyrov le président officiel de la République de Tchétchénie.

2004 : En février, un attentat meurtrier touche le métro de Moscou. La France décerne le titre de chevalier de la Légion d'honneur au chef d'état-major russe Anatoli Kvachnine. L'ancien président tchétchène Iandarbiev est tué dans un attentat au Qatar où il avait trouvé refuge. Le commandant indépendantiste tchétchène Rouslan Guelaev est abattu. En mars, Vladimir Poutine est réélu sans surprise à la tête de l'État russe.

En mai, le président tchétchène prorusse Akhmad Kadyrov est tué dans un attentat à Grozny. De nouvelles élections sont fixées pour le 29 août 2004.

En août, un double attentat touche deux avions russes. Revendiqué par les brigades Islambuli, il est néanmoins attribué à deux femmes tchétchènes.

Alou Alkhanov, le candidat du Kremlin, est « élu » président de Tchétchénie avec 74 % des voix.

Du 1er au 3 septembre, un commando terroriste prend une école en otage à Beslan en Ossétie du Nord. L'assaut est donné le 3 et se solde par une issue sanglante, provoquant la mort de 370 personnes dont de nombreux enfants.

Maskhadov condamne la prise d'otage. Il avait proposé sa conciliation. En vain.

2005 : Le 8 mars, Aslan Maskhadov est abattu par les forces spéciales russes. Son corps est exposé pendant des heures à la Télévision russe.

Le 15 mars, Abdoul-Khalim Sadoulaïev devient le nouveau leader indépendantiste et assure qu'il poursuivra la politique de son prédécesseur.

2005-2006 : La Tchétchénie exsangue est occupée par 100 000 hommes en armes : l'armée fédérale, les troupes du ministère de l'Intérieur, et les milices de Ramzan Kadyrov. La guerre a fait 200 000 morts. Les enlèvements et les disparitions se poursuivent...

Biographies

Djokhar Doudaev (1944-1996), ancien général de l'Armée de l'air soviétique, fut le premier président de la République d'Itchkérie (Tchétchénie). Leader de la guérilla indépendantiste lors de la première invasion russe (1994-1996), le 21 avril 1996, Doudaev, localisé grâce à son téléphone cellulaire, fut pulvérisé par un missile russe.

Aslan Maskhadov (1951-2005) ex-colonel de l'armée Rouge, général et chef d'état-major de l'armée indépendantiste aux ordres de Djokhar Doudaev. Après l'assassinat de Doudaev, c'est lui qui négocia la paix avec le général russe Alexandre Lebed. En janvier 1997, il est élu président de la République de Tchétchénie face à Chamil Bassaev. Maskhadov était un chef modéré. Il proposa en 2003 un plan de paix à Moscou, resté lettre morte. Il fut abattu le 8 mars 2005 à Tolstoï Yourt. Son corps n'a jamais été rendu aux Tchétchènes qui le réclament.

Chamil Bassaev, commandant d'un groupe d'indépendantistes tchétchènes lié aux islamistes, se dit « djihadiste ». Son groupe armé agit dans le nord Caucase, principalement en Tchétchénie. Il s'est déclaré responsable de la prise d'otages de l'école de Beslan en Ossétie du Nord, en septembre 2004. Il avait déjà organisé celle de Boudennovsk en juin 1995 (150 morts).

Rouslan Guelaev (1964-2003) : l'un des principaux chefs des combattants indépendantistes pendant les deux guerres de Tchétchénie. Résolument hostile aux islamistes, son prestige ne fut aucunement écorné par les troubles qui agitèrent le pays entre les deux guerres. Très aimé de la population pour sa tolérance et son courage, il fut abattu par les soldats russes le 29 février 2004.

Mayrbek Vatchagaev : ancien porte-parole d'Aslan Maskhadov, ce docteur en histoire, spécialiste du soufisme et du Caucase du Nord a aussi été représentant général de la République de Tchétchénie à Moscou, où il fut emprisonné puis libéré contre rançon. Il vit actuellement en France et a fondé un site internet de référence sur la guerre : www.chechen.org

Ramzan Kadyrov : nommé Premier ministre par Poutine, est aujourd'hui le véritable chef de la Tchétchénie occupée. Il possède ses propres milices, les kadirovski, qui opèrent aux côtés des troupes fédérales et sont accusées d'innombrables crimes par la population civile et les organisations de défense des droits de l'homme. Fils d'Akhmad Kadyrov, mufti anciennement indépendantiste qui se rallia à Moscou et fut proclamé président de la République de Tchétchénie par Vladimir Poutine. Akhmad Kadyrov fut tué dans un attentat à la bombe le 9 mai 2004, « jour de la victoire ».

Khattab (vrai nom : Samir Saleh Abdullah Al-Suwailem) **(1969-2002)** : allié avec Bassaev dans la guérilla indépendantiste, l'un des combattants les plus extrémistes, il serait saoudien ou jordanien. Il a combattu en Afghanistan contre l'armée rouge, puis en Tchétchénie et dans plusieurs autres républiques du Caucase. Il est mort le 19 mars 2002, certainement empoisonné par une lettre transmise par une connaissance.

Bibliographie

F. Longuet (dir.), *Tchétchénie : la guerre jusqu'au dernier ?*, Mille et une Nuits, 2003.
Comité Tchétchénie, *Tchétchénie : dix clés pour comprendre*, Autrement, 2003.
K. Baïev, *Le serment tchétchène*, JC Lattès, 2005.
S. Iachourkaev, *Survivre en Tchétchénie*, Gallimard, 2006.
H. Blanc, *T comme Tchétchénie*, Ginko, 2005.
A. Politkovskaïa, *Voyage en enfer*, Robert Laffont, 2000.
A. Politkovskaïa, *Tchétchénie : le déshonneur russe*, Buchet-Chastel, 2003.
Comité Tchétchénie, *Des nouvelles de Tchétchénie*, Paris-Méditerranée, 2005.
A. Doudaeva, *Le Loup tchétchène. Ma vie avec Djokhar Doudaïev*, Maren Sell , 2005.
M. Tsaroieva, *Ingouches et Tchétchènes* Maisonneuve et Larose, 2005.

Films
Grozny, chroniques d'une disparition, de Manon Loiseau, 2003.
Itchkeri kenti de Florent Marcie, 2003.
Coco-colombe de tchétchénie, d'Erik Bergkaut.
Massacre en Tchétchénie de Mylène Sauloy.

Table des matières

Cher lecteur 9
1. Le bal et la prière 11
2. « Rambo » et la madrasa 15
3. La guerre! 19
4. Bonne année, Grozny! 25
5. Notre tour 35
6. Mon père 39
7. « Bienvenue en enfer! » 43
8. Le soleil noyé de Ceda 47
9. L'Opération « Djihad » 51
10. L'histoire de ma grand-mère 57
11. L'histoire de ma grand-mère (suite) 61
12. Paix! 67
13. Retour à Orekhovo 71
14. La victoire gâchée 75
15. L'agora de Grozny 81
16. Un air de déjà-vu 87
17. « Rentrez chez vous! » 93
18. Bella 97
19. Au cœur de l'empire 101
20. Sur la notion de chance à Grozny 109
21. Les camps de filtration 113
22. La légende vraie de Salaoudi 119
23. Une journée au village 121
24. L'ordinaire de Grozny 127
25. L'université 131

26. Kazbek et Madina	135
27. Les appelés	139
28. Le mariage de Soultan	143
29. Le « traître »	149
30. Mon départ en France	155
31. La seconde mort du père	165
32. Nouvelles de Tchétchénie	171
33. Auschwitz	177
34. Retour en Tchétchénie	183
35. Grozny, 2005	191
36. La fête	197
Épilogue	201
Remerciements	203
Annexes	205

Ce volume a été composé par IGS-CP

Impression réalisée sur CAMERON par
BRODARD ET TAUPIN
La Flèche
en juin 2006

Imprimé en France
Dépôt légal : septembre 2006
N° d'édition : 82851/01 – N° d'impression : 36386
ISBN : 2-01-235859-4